VIVE

POR ENCIMA

de tus

SENTIMIENTOS

VIVE

Controla tus emociones
para que ellas no te controlen a ti

POR ENCIMA

de tus

SENTIMIENTOS

JOYCE MEYER

New York   Boston   Nashville

VIVE POR ENCIMA DE TUS SENTIMIENTOS
Título en inglés: *Living Beyond Your Feelings*
© 2011 por Joyce Meyer
Publicado por FaithWords
Hachette Book Group
237 Park Avenue
New York, NY 10017

FaithWords es una división de Hachette Book Group, Inc.
El nombre y el logo de FaithWords son una marca registrada de Hachette Book Group, Inc.

ISBN: 978-0-446-58321-3

Visite nuestro sitio Web en www.faithwords.com
Impreso en Estados Unidos de América

Primera edición: Septiembre 2011
10 9 8 7 6 5

ÍNDICE

PARTE II

Los sentimientos son muy parecidos a las olas: no podemos evitar que lleguen, pero podemos escoger sobre cuál surfear.

Jonatan Martensson

INTRODUCCIÓN

Me parece que hablamos sobre cómo nos sentimos prácticamente más que de ninguna otra cosa. Nos sentimos bien o mal, tristes o felices, emocionados o desanimados, y otras mil cosas más. El inventario de las diversas maneras en que nos sentimos es casi interminable. Los sentimientos siempre cambian, normalmente sin notificación previa. No necesitan nuestro permiso para fluctuar; sencillamente parece que hacen lo que quieren sin ningún motivo específico que podamos descubrir. Todos hemos tenido la experiencia de irnos a la cama sintiéndonos bien física y emocionalmente, y despertarnos la mañana siguiente sintiéndonos cansados e irritables. ¿Por qué? *¿Por qué me siento así?*, nos preguntamos, y entonces normalmente comenzamos a decirle a cualquiera que nos escuche cómo nos sentimos. Es interesante observar que terminamos hablando mucho más sobre nuestros sentimientos negativos que sobre los positivos.

Si me despierto sintiéndome con energía y emoción con respecto al día, rara vez lo anuncio a la persona con quien me encuentre; sin embargo, si me siento cansada y desalentada, quiero decírselo a todos. He necesitado años para aprender que hablar sobre cómo me siento aumenta la intensidad de esos sentimientos. Por tanto, me parece que deberíamos quedarnos callados con respecto a los sentimientos negativos y hablar de los positivos. A medida que leas este libro, voy a pedirte que tomes decisiones; quizá eso pueda ser la primera decisión que tomes. Escribe y confiesa en voz alta:

Decisión y confesión: *Voy a hablar sobre mis sentimientos positivos de modo que aumenten, y a mantenerme callado en cuanto a mis sentimientos negativos de modo que pierdan su fuerza.*

Siempre puedes decirle a Dios cómo te sientes y pedirle su ayuda y su fortaleza, pero hablar sobre sentimientos negativos sólo por hablar no hacen ningún bien. La Biblia nos enseña que no hablemos palabras ociosas (inoperantes, que no funcionan) (ver Mateo 12.36). Si persisten los sentimientos negativos, pedir oración o buscar consejo es bueno, pero una vez más quiero enfatizar que tan sólo hablar por hablar es inútil.

El que mucho habla, mucho yerra; el que es sabio refrena su lengua. (*Proverbios 10.19*)

El tema principal de este libro es que aunque los sentimientos pueden ser muy fuertes y demandantes, no debemos permitirles que gobiernen nuestras vidas. Podemos aprender a manejar nuestras emociones en lugar de permitir que ellas nos controlen a nosotros. Esta ha sido una de las verdades bíblicas más importantes que he aprendido en mi viaje con Dios. También ha sido una verdad que me ha permitido disfrutar de mi vida de modo coherente. Si tenemos que esperar a ver cómo nos sentimos antes de saber si podemos disfrutar del día, entonces les estamos dando a los sentimientos control sobre nosotros. Pero afortunadamente tenemos libre albedrío y podemos tomar decisiones que no estén basadas en los sentimientos. Si estamos dispuestos a hacer elecciones correctas con respecto a cómo nos sentimos, Dios siempre será fiel para darnos la fuerza para hacerlo.

Vivir la buena vida que Dios ha preparado para nosotros se basa en que seamos obedientes a la forma de ser y de hacer de Él. Él nos da la fortaleza de hacer lo correcto, pero nosotros somos quienes debemos escogerlo... Dios no lo hará por nosotros. Él nos ayuda, pero nosotros debemos participar escogiendo lo correcto por encima de lo incorrecto. Podemos sentirnos mal y aun así escoger lo correcto. Nadie puede disfrutar de la vida de modo coherente hasta que esté dispuesto a hacer eso. Por ejemplo, puede que yo tenga ganas de excluir a alguien de mi vida porque esa persona ha herido mis sentimientos o me ha tratado injustamente, pero puedo escoger orar por esa persona y tratarla como Jesús lo haría mientras espero que Él me reivindique. Si actúo según mis sentimientos, haré lo incorrecto y perderé la paz y el gozo; pero si escojo hacer lo que Dios me ha enseñado en su Palabra, tendré la recompensa de Dios en mi vida.

Los sentimientos en sí mismos no son ni buenos ni malos. Son tan sólo inestables y hay que manejarlos. Pueden ser agradables y maravillosos, pero también pueden hacernos desgraciados y conducirnos a tomar decisiones que al final lamentaremos. Las emociones desbocadas podrían compararse a un niño pequeño que quiere tener y hacer todo, pero no entiende el peligro que presentan algunas de esas cosas. Los padres deben controlar al niño, pues si no seguramente se hará daño a sí mismo y a otros. Nosotros debemos educar nuestras emociones. Debemos entrenarlas para que nos sirvan de modo que no nos convirtamos en esclavos.

Si estás preparado para dominar tus emociones, este libro es para ti. Creo que seré capaz de ayudarte a entender algunos de tus sentimientos, pero entenderlos no es tan importante como controlarlos. Toma la decisión de no seguir permitiendo que tus sentimientos te controlen.

Este libro podría ser uno de los libros más importantes que hayas leído jamás. Los principios que hay en él están de acuerdo con la Palabra de Dios y te situarán en una posición de autoridad en lugar de esclavitud. Puedes tener victoria en

> *Si estás preparado para dominar tus emociones, este libro es para ti. Creo que seré capaz de ayudarte a entender algunos de tus sentimientos, pero entenderlos no es tan importante como controlarlos.*

lugar de ser una víctima. No tienes que esperar a ver cómo te sientes cada día antes de saber cómo actuarás. Creo que este libro te ayudará a entenderte a ti mismo mejor que nunca, y también te equipará para tomar decisiones que liberarán lo mejor de Dios en tu vida.

Decisión y confesión: *Escojo hacer lo correcto independientemente de cómo me sienta.*

PARTE I

PARTE 1

CAPÍTULO
1

Quiero hacer lo bueno, ¡pero hago lo malo!

Los seres humanos somos muy complejos. Nuestras emociones son solamente un aspecto de nuestro ser, pero un aspecto muy importante. En realidad, se ha dicho que las emociones son el enemigo número uno del cristiano porque fácilmente pueden evitar que sigamos la voluntad de Dios. Yo creo que las emociones han sido un misterio para la mayoría de nosotros. Con frecuencia, sencillamente no sabemos por qué nos sentimos como nos sentimos. Permitimos que las emociones nos confundan, y eso nos conduce con frecuencia a tomar decisiones que más adelante lamentamos.

Puede que haya muchas cosas que no entendemos sobre nosotros mismos, pero gracias a Dios, podemos aprender. Si te pones delante del espejo y te miras a ti mismo, ves tu cuerpo, pero eso es solamente el caparazón exterior de quien realmente eres. Hay mucho que sucede en nuestro interior que no puede verse con los ojos físicos. Tenemos pensamientos, sentimientos, imaginaciones y deseos que residen en una parte mucho más profunda de nosotros de la que podemos ver en el espejo. La Biblia se refiere a esa parte como "lo íntimo del corazón" (1 Pedro 3.4). ¿Has tenido alguna vez la sensación de que hay una persona viviendo en tu interior que es bastante distinta a la que presentas al mundo? Yo creo que todos nos hemos sentido de esa manera a veces.

En primer lugar y sobre todo, somos seres espirituales; tenemos un alma y vivimos en un cuerpo. Deberíamos prestar más atención a la persona interior porque, cuando muramos, nuestro espíritu y nuestra alma son las partes de nosotros que vivirán para siempre, pero nuestro cuerpo sencillamente se deteriorará.

> Que la belleza de ustedes no sea la externa, que consiste en adornos tales como peinados ostentosos, joyas de oro y vestidos lujosos. Que su belleza sea más bien la incorruptible, la que procede de lo íntimo del corazón y consiste en un espíritu suave y apacible. Ésta sí que tiene mucho valor delante de Dios. (*1 Pedro 3.3-4*)

Esta escritura no está dando a entender que esté mal que te arregles el cabello, lleves joyería o tengas ropa bonita. Está diciendo que si prestamos excesiva atención a nuestro aspecto y pasamos por alto la persona interior del corazón, Dios no se agrada. Sería mucho mejor para nosotros trabajar con el Espíritu Santo para mejorar nuestros pensamientos, emociones, actitudes, imaginaciones y conciencia. Si ante los ojos del mundo una mujer es considerada hermosa y bien vestida, pero está llena de enojo, falta de perdón, culpabilidad, vergüenza, depresión y pensamientos negativos y odiosos, entonces ella está en bancarrota espiritualmente y no es atractiva para Dios.

La guerra en el interior

Con frecuencia tenemos la sensación de que se está librando una guerra en nuestro interior. Una parte de nosotros (la persona interior) quiere hacer lo que sabemos que es bueno, y otra parte (la persona exterior) quiere hacer lo malo. Puede que lo malo se sienta como bueno, mientras que lo bueno se siente como malo. Recuerda que no podemos juzgar el valor moral de un acto por el modo en que nos sintamos. Nuestros sentimientos no son confiables, y no podemos confiar en que comunican verdad.

Una mujer cristiana puede llegar a estar unida emocionalmente a otro hombre que no es su esposo; puede que sienta que nunca podría ser feliz sin él; sin embargo, en lo profundo de su ser sabe que dejar a su familia por el otro hombre sería lo equivocado. Ella no quiere hacer daño a nadie; no quiere defraudar a la familia y los amigos, pero sus sentimientos parecen abrumadores. Ella batalla con sus pensamientos y emociones, y está en medio de una terrible e implacable lucha.

Ella se convence de que tiene que hacer lo correcto, pero cuando piensa en el hombre o le ve, otra vez siente que no puede ser feliz sin él. Parte de ella quiere hacer lo que sabe que es correcto, y parte de ella quiere hacer lo que sus sentimientos le guían a hacer aunque sabe que es incorrecto. De vez en cuando, se pregunta a sí misma y a otras personas: "¿Por qué me siento así?" Puede que ella desee no sentirse de la manera en que se siente. Pero entonces razona: *¿Cómo puede ser esto incorrecto cuando siento que es tan correcto?* Comienza a justificar sus actos poniendo excusas y echando la culpa a otras cosas. Dice que su esposo no la entiende y que nunca ha estado a su lado emocionalmente. Se siente sola y se convence a sí misma de que se casó con el hombre equivocado. Esos argumentos sin duda parecen razonables, pero sigue habiendo algo en ella que no le permitirá seguir adelante sin que haya una lucha. El Espíritu de Dios que vive en su espíritu le da convicción e intenta convencerla de que siga la sabiduría en lugar de seguir sus emociones.

La mujer es cristiana y tiene un razonable conocimiento de la Palabra de Dios. Como creyente en Cristo, ella tiene un espíritu renovado; Dios le ha dado un nuevo corazón y ha puesto su Espíritu en lo profundo de ella. En su espíritu, ella sabe lo que es correcto y quiere hacerlo, pero su alma, donde residen sus pensamientos y emociones, tiene una idea totalmente distinta. Quiere lo que se siente bien en el momento, y no lo que producirá buenos resultados más adelante.

Si una mujer no tiene conocimiento alguno de la Palabra de Dios y ninguna relación con Él, puede que no le importe si lo que quiere es correcto o no, pero la cristiana es incapaz de pecar sin que le importe. Puede que ella escoja pecar, pero su elección no se debe a la ignorancia; se debe a la rebelión y quizá a un hábito prolongado de permitir que sus emociones gobiernen. La Biblia nos enseña que aquellos que son nacidos de Dios no pueden pecar a sabiendas, habitualmente y deliberadamente, porque la naturaleza de Dios habita en ellos (ver 1 Juan 3.9). Puede que pequen, pero no pueden hacerlo con comodidad y continuamente. Son muy conscientes de sus actos malos, y son muy desgraciados.

El hijo de Dios con frecuencia descubre que quiere hacer al mismo tiempo lo bueno y lo malo. Su espíritu renovado anhela santidad y justicia, pero el alma carnal sigue anhelando las cosas del mundo. Incluso el apóstol Pablo describe que se sentía de la misma manera en el capítulo 7 de Romanos: "No entiendo lo que me pasa, pues no hago lo que quiero, sino lo que aborrezco" (v. 15).

En el mismo capítulo, Pablo pasa a explicar más de lo que sentimos diciendo que él tiene la intención y la urgencia de hacer el bien, pero no lo hace. No practica el bien que desea hacer y, por el contrario, hace el mal. Afortunadamente, al final del capítulo Pablo ha entendido que solamente Cristo puede librarle de los actos de la carne, y cuando seguimos estudiando su vida, vemos que él desarrolló la capacidad de decir no a sí mismo si lo que quería no estaba en consonancia con la Palabra de Dios. Él aprendió a apoyarse en Dios para tener fortaleza y entonces utilizar su voluntad para escoger lo correcto a pesar de cómo se sentiera. Pablo dijo que él moría diariamente, lo cual significaba que moría a sus propios deseos carnales a fin de glorificar a Dios: "Que cada día muero" (1 Corintios 15.31).

Los cristianos eran regularmente perseguidos durante la vida de Pablo, y él sin duda afrontó la posibilidad de la muerte física cada día, pero también experimentó una muerte del alma al dejar a un lado su propia voluntad a fin de vivir para Dios. Él escogió obedecer a Dios y caminar en el espíritu (sabiduría) en lugar del alma (carne). Él andaba según lo que él sabía que era correcto, no según se sentía o pensaba, y expresó esas decisiones correctas como morir al yo. Utilizaré la frase "morir al yo" en este libro, y aunque suene desagradable y dolorosa, lo cierto es que debemos morir a nosotros mismos si queremos vivir de manera genuina y verdadera la vida que Dios nos ha proporcionado en Jesucristo. Cuando estamos dispuestos a vivir por principios en lugar de por emociones, estamos muriendo al egoísmo y disfrutaremos de la vida abundante de Dios. Estoy segura de que habrás oído el dicho "Sin dolor no hay beneficio". Todo lo bueno en la vida requiere una inversión inicial (¡la cual normalmente es dolorosa!) antes de ver la recompensa.

El ejercicio es doloroso, pero produce una recompensa. Ahorrar dinero significa que necesitamos negarnos a nosotros mismos algunas de las cosas que queremos, pero la recompensa es seguridad económica más adelante en la vida. Solucionar las dificultades en las relaciones finalmente proporciona la recompensa de un buen compañerismo. Tomar tiempo para estudiar la Palabra de Dios y aprender su carácter requiere disciplina, pero proporciona una gran recompensa.

Aprender a entender la diferencia entre alma y espíritu es vital si alguna vez podemos esperar tener cierta medida de estabilidad y victoria en la vida. Debemos aprender a vivir según la nueva naturaleza que Dios nos ha dado a la vez que le negamos a la vieja naturaleza (carne) el derecho a gobernar.

Dave me ha dicho que recuerda la época en que él llegaba a casa del trabajo en la noche pensando: *Me pregunto cómo estará Joyce esta noche.* Él nunca lo sabía, porque yo cambiaba frecuentemente. Incluso si estaba de buen humor cuando él se iba por la mañana, no había garantía alguna de que yo siguiera teniendo ese humor en la noche. Tristemente, yo no sabía tampoco cómo sería hasta que mis sentimientos me informasen. Yo estaba completamente controlada por cómo me sentía, y aún peor, no sabía que pudiera hacer nada al respecto. La Palabra de Dios dice que las personas perecen por falta de conocimiento (ver Oseas 4.6; Proverbios 29.18), y yo sé por experiencia lo cierto que es eso.

Estoy escribiendo este libro porque creo que millones de personas viven de esa manera y están buscando respuestas. Quieren más estabilidad; quieren ser capaces de confiar en ellas mismas y tener a otras personas que sientan que pueden depender de que ellas sean estables, pero nunca han aprendido que pueden manejar sus sentimientos en lugar de permitir que sus sentimientos les manejen a ellas.

Una nueva naturaleza

La Palabra de Dios nos enseña que cuando recibimos a Cristo como nuestro Salvador y Señor, Él nos da una nueva naturaleza (ver 2 Corintios 5.17). Él nos da su naturaleza, y también nos da un espíritu de disciplina y autocontrol, que es vital para permitirnos escoger los caminos de nuestra nueva naturaleza. Él también nos da dominio propio (ver 2 Timoteo 1.7), y eso significa que podemos pensar en cosas adecuadamente sin ser controlados por los sentimientos. La manera en que éramos anteriormente pasa, y tenemos todo el equipamiento necesario para una forma de conducta totalmente nueva. Dios nos da la capacidad y ofrece ayudarnos, pero no somos marionetas y Dios no nos manipulará. Nosotros debemos escoger el espíritu por encima de la carne y el bien por encima del mal. Nuestro espíritu renovado ahora puede controlar nuestra alma y nuestro cuerpo, o para decirlo de otro modo, la persona interior puede controlar a la persona exterior.

La Biblia utiliza frecuentemente el término "la carne" cuando se refiere a una combinación de cuerpo, mente, emociones y voluntad. La palabra *carne* se utiliza como sinónimo de la palabra *carnal*. Ambas provienen de una palabra que significa carne o animal. En otras palabras, si la carne no es controlada por el espíritu, entonces puede comportarse de forma muy parecida a un animal salvaje. ¿Has hecho alguna vez algo ridículo en un momento de intensa emoción y más adelante has dicho: *¡No puedo creer que me comportara de ese modo!*? Todos hemos tenido momentos así. A mí me gustan los pepinos al vinagre de eneldo, pero cuando estaba embarazada no podía comerlos porque tenía que seguir una dieta baja en sodio. Yo deseaba tanto los pepinos que cuando llegué a casa después de dar a luz a mi bebé, me senté y me comí medio bote de pepinos al vinagre de eneldo. Desde luego, me enfermaron, y más adelante me di cuenta de que hacer eso fue algo excesivo y sin duda alguna nada sabio. El modo en que yo busqué aquellos pepinos no fue distinto al modo en que un animal busca un pedazo de carne.

Sin la ayuda de Dios, tenemos dificultades para hacer las cosas con moderación. Frecuentemente comemos demasiado, gastamos demasiado dinero, tenemos demasiados entretenimientos y hablamos demasiado. Somos excesivos en nuestros actos porque nos comportamos de modo emocional. Tenemos ganas de hacer algo y lo hacemos, sin pensar en el resultado final. Después de hacer algo que no se puede deshacer, lamentamos haberlo hecho.

No tenemos que vivir con lamentos. Dios nos da su Espíritu para capacitarnos para tomar buenas y sabias decisiones. Él nos insta, nos guía y nos conduce, pero seguimos siendo nosotros quienes tenemos el voto decisivo. Si has estado dando el voto equivocado, lo único que necesitas hacer es cambiar tu voto. Formar nuevos hábitos requerirá tomar una decisión de no hacer lo que tengas ganas de hacer a menos que esté en consonancia con la voluntad de Dios. Tendrás que decir no a ti mismo con bastante frecuencia, y eso es "morir al yo".

Recuerda por favor que las sabias decisiones puede que no tengan nada que ver con los sentimientos. Puede que tengas ganas de hacer lo correcto o no. *Puedes sentir hacer lo equivocado y aun así hacer lo correcto.*

Yo puedo querer hacer lo que es correcto y lo que es incorrecto al mismo tiempo. No siempre es fácil escoger hacer lo correcto, pero es más fácil que escoger lo incorrecto y pasar por la desgracia que siento

> *Puedes sentir hacer lo equivocado y aun así hacer lo correcto.*

después. Puede que tenga ganas de protestar y sentir lástima de mí misma durante todo el día si alguna cosa no se hace como yo quiero, pero mediante Cristo puedo escoger tener una buena actitud y confiar en que Dios me dará cualquier cosa que Él quiera que yo tenga en el momento.

Dave tuvo un auto poco común, de alto rendimiento, durante varios años, y yo intenté en varias ocasiones hacer que lo vendiese. Él se negaba con firmeza, lo cual a veces me hacía enojar bastante. Él rara vez conducía el auto, pero pagábamos las cuotas del seguro y también impuestos personales por la propiedad anualmente; incluso teníamos gastos de reparación. Él decía que estaba dispuesto a venderlo, pero quería bastante más dinero del que alguien estaba dispuesto a pagar. Costaba dinero tan sólo tenerlo en el garaje, y eso me frustraba terriblemente. ¿Por qué querría él un auto que rara vez conducía cuando podíamos venderlo y utilizar el dinero para otra cosa? Incluso si no consiguiéramos el precio que Dave quería, ¡al menos podríamos dejar de gastar dinero en él! Después de unos cuatro años de permitir que eso me irritase de vez en cuando, finalmente oré y entregué toda la situación a Dios, y decidí que si Dave se quedaba con el auto hasta que los dos estuviéramos muertos, no valía la pena permitir que la emoción del enojo me controlase.

Pasaron otros dos años, y entonces una noche nuestro hijo Dan llamó y dijo: "Creo que papá debería vender su auto. Después de todo, nunca lo conduce". Yo dije: "No lo venderá porque quiere más dinero por él de lo que vale, pero yo estaría más que contenta si tú intentases convencerle". Le pasé el teléfono a Dave, y en menos de un minuto él dijo: "Sí, estoy de acuerdo; vamos a venderlo. Después de todo, no lo conduzco mucho". ¡Increíble! ¿Por qué no me escuchó a *mí*? Como la mayoría de mujeres saben, los hombres no siempre son buenos para escuchar a sus esposas. Él tuvo que esperar hasta que pareció ser idea de él en lugar de ser idea mía.

Yo podría haberme enojado porque él nunca me dijo sí a mí pero estuvo de acuerdo con nuestro hijo cuando él le dijo exactamente lo mismo que yo le había estado diciendo por años. Pero sé que Dios tiene un tiempo para todo, y normalmente no es nuestro tiempo. Yo estuve enojada de vez en cuando durante varios años, pero cuando entregué la situación a Dios, tuve paz mientras Dios convencía a Dave para que vendiese el auto. Observa que dije que *Dios* convenció a Dave. Él usó a mi hijo, pero Dios era quien estaba detrás de todo. Dios realmente estaba respondiendo a mi oración, pero lo hizo a su propia manera y en su propio tiempo.

Con mucha frecuencia los cristianos son carnales. Creen en Dios y han recibido a Jesús como su Salvador, pero toda su vida parece girar en torno generalmente a los impulsos de las emociones. Cuanto antes aprendamos que los sentimientos son variables, mejor nos irá. Con frecuencia, los sentimientos no son confiables, y no podemos confiar en ellos mientras tomamos decisiones finales. Es bonito si tenemos sentimientos para apoyarnos cuando estamos emprendiendo la acción, pero podemos hacer lo correcto con o sin el combustible de los sentimientos. Puede que tengas el hábito de seguir tus sentimientos a fin de permanecer contento y cómodo, pero también puedes formar nuevos hábitos. Forma un hábito de disfrutar de emociones buenas, pero no permitas que ellas te controlen.

Me encanta una frase que dijo Watchman Nee: "Cuando la emoción palpita, la mente queda engañada y se niega a la conciencia su estándar de juicio". ¿Recuerdas a la mujer que estaba emocionalmente atraída hacia el hombre que no era su esposo? Ella sabía en su interior que sus actos eran equivocados, pero sus emociones estaban palpitando y el diablo usó su mente (pensamientos y razonamiento) para engañarla. La voz de su conciencia estaba ahogada por los pensamientos y sentimientos impulsados por su propia alma.

Permíteme decir una vez más que querer hacer lo correcto a la vez que queremos hacer lo incorrecto no es ajeno a ninguno de nosotros. Todos peleamos las mismas batallas, pero quiero que tomes la decisión en este momento de que, con la ayuda de Dios, vas a ganar la guerra.

Decisión y confesión: *Yo sigo los principios de Dios, no las emociones; por tanto, soy un ganador en la vida.*

CAPÍTULO

2

¿Por qué soy tan emocional?

Todos tenemos días en que nos sentimos más emocionales que en otros días, y puede que haya razones para ello. Quizá no dormiste bien la noche anterior, o comiste algo que disminuyó tu azúcar en la sangre o que te dio alergia. El día emocional ocasional es algo de lo que no tenemos que preocuparnos demasiado. Si Dave tiene un día así, él nunca intenta solucionarlo; sencillamente dice: "Esto también pasará".

A veces nos sentimos emocionales porque algo nos molestó el día anterior y no lo resolvimos. Con frecuencia somos culpables de almacenar cosas en nuestro interior en lugar de abordarlas. Si eres una persona que evita la confrontación, puedes tener un alma llena de problemas sin resolver que necesitan ser cerrados antes de que pueda llegar la sanidad emocional. Recuerdo una noche en que yo no podía dormir, lo cual no es normal para mí. Finalmente, alrededor de las cinco de la madrugada, le pregunté a Dios qué pasaba conmigo. Inmediatamente recordé una situación del día anterior. Yo había sido grosera con alguien, y en lugar de disculparme y pedir a Dios que me perdonase, pasé rápidamente la situación y seguí con lo siguiente que tenía que hacer. Obviamente, mi conducta equivocada estaba irritando mi espíritu, aunque mi mente consciente la había enterrado. En cuanto le pedí a Dios que me perdonase y tomé la decisión de disculparme con la persona, pude quedarme dormida.

Si te sientes inusualmente triste, o si estás soportando una pesada carga que no entiendes, pregunta a Dios qué está sucediendo antes de comenzar a suponer cosas. Es increíble lo que podemos aprender sencillamente pidiendo a Dios una respuesta y estando dispuestos a afrontar cualquier verdad que Él pudiera revelarnos acerca de nosotros o de nuestra conducta. A veces nos sentimos emocionales debido a algo que una persona nos ha hecho o alguna circunstancia desagradable en nuestra vida. Pero otras veces nos sentimos así debido a algo que nosotros hicimos mal y lo pasamos por alto.

Mientras guardé silencio, mis huesos se fueron consumiendo por mi gemir de todo el día. (*Salmo 32.3*)

Afrontar los problemas

Si alguien tiene un largo historial de conducta emocional desequilibrada, puede que tenga muchos problemas que necesite afrontar, quizá incluso problemas continuados que se remontan hasta la niñez. Jesús nos dio el primer principio a recordar con respecto a la salud emocional estable cuando dijo: "y conocerán la verdad, y la verdad los hará libres" (Juan 8.32).

Sin confrontación de dolorosos problemas del pasado, es imposible avanzar con un alma sana. Mi padre abusó sexualmente de mí, y cuando entendí que nadie iba a ayudarme, decidí que sobreviviría hasta que tuviera dieciocho años de edad y pudiera irme de casa, lo cual hice. Me fui y pensé que el problema había terminado, pero fueron necesarios otros trece años para entender que el problema seguía estando en mi alma; estaba afectando mi personalidad y el modo en que yo trataba a todos y todo en mi vida. Tuve que emprender mi viaje de sanidad estando dispuesta a mirar el problema que había en mi interior en lugar de culpar de todos mis problemas a otra persona.

Incluso tuve que dejar de culpar a mi padre y a todas las personas que no me habían ayudado. Aunque lo que ellos hicieron o no hicieron para ayudarme era la fuente de mi problema y la razón de que mi conducta fuese emocionalmente errática en lugar de estable, yo tenía que asumir la responsabilidad de los cambios que necesitaban producirse en mí. Recuerda siempre que culpar a otros no hace ningún bien, y no te ayuda a disfrutar de libertad y sanidad. Dios quería ayudarme, pero tuve que pedirle que lo hiciera y estar dispuesta a permitir que el maravilloso Espíritu Santo me acompañase por varios años de sanidad.

La Palabra de Dios es la verdad que finalmente me hizo libre del dolor de mi pasado y me dio estabilidad emocional. Es mi oración que el término "estabilidad emocional" suene maravilloso para ti, y que creas que puedes tenerla y estés dispuesto a no pasar sin ella.

Finalmente aprendí que las personas heridas hacen daño a otras personas. Y cuando entendí que mi padre me hizo daño porque él estaba enfermo por dentro, fui capaz de perdonarle. Aprendí que lo que me sucedió no tenía por qué definir quién era yo. Mi pasado no podía controlar mi futuro a menos que yo lo permitiese. Aprendí que estaba llena de vergüenza del pasado y en parte me culpaba a mí misma, pero lo que me sucedió no era culpa mía. La culpabilidad era mi constante compañera, al igual que el temor y la preocupación. Yo sufría también muchas otras enfermedades del alma, pero el punto es que cada una de ellas había que afrontarla con la ayuda de Dios, y cuando eso sucedió, llegó sanidad a cada una de las áreas.

Imagina varios cordones de zapatos de distintos colores atados con nudos, representando cada uno un problema distinto en tu vida. Si se los entregases a alguien y dijeras: "por favor, desata este lío", tomaría algún tiempo, porque los cordones habría que desatarlos uno a uno. Yo tengo un collar que está hecho de varias cadenas finas con cruces que cuelgan de ellas en diferentes lugares, y tiende a enredarse mucho cuando no se lleva puesto. Cada vez que decido ponérmelo, tengo que ejercitar la paciencia y desenredarlo. La Biblia dice que las promesas de Dios se obtienen mediante la fe y la paciencia (ver Hebreos 10.36). Puedes recuperarte del dolor de tu pasado, de cosas que te han hecho y de errores que tú has cometido, pero requerirá una inversión de tiempo por tu parte. Puedes seguir invirtiendo en tu desgracia, ¡o puedes comenzar a invertir en tu sanidad! Invertirás en algo a medida que vivas tu vida, así que asegúrate de que sea algo que dé dividendos que disfrutarás.

Miles de veces en mi vida me pregunté: *¿Por qué me siento de esta manera?*, pero no estaba haciendo nada al respecto. Tan sólo estaba confundida y actuando según mis sentimientos en lugar de intentar obtener algún tipo de ayuda. El mundo está lleno de personas que hacen eso mismo todo el tiempo, e intentan relacionarse los unos con los otros en relaciones que no funcionan en absoluto o son muy disfuncionales, en el mejor de los casos.

Es posible entender algunas de las razones por las que nos sentimos como nos sentimos, pero lo más importante es que dejemos de defender nuestra mala conducta. Debemos rendir todas las cosas, porque mientras utilicemos el pasado para manipular personas y situaciones, nunca seremos libres de él. Yo utilizaba frecuentemente mi pasado como excusa para la mala conducta, pero tuve que llegar a un punto en que estuve dispuesta a confrontar y tratar problemas del pasado adecuadamente a fin de tener un cambio.

Una de las maneras que Dios me enseñó de tratar el pasado fue confesando sus promesas en lugar de hablar sobre cómo me sentía. Recuerdo que una vez estaba yo delante del espejo y dije algo parecido a lo siguiente en voz alta: "Mis padres realmente no me querían, y nunca me querrán sencillamente porque no saben cómo hacerlo. Pero Dios sí me ama, y no tengo que pasar toda mi vida lamentándome por algo por lo que no puedo hacer nada. No desperdiciaré mi vida intentando obtener algo de mis padres que ellos nunca sabrán cómo darme. El hecho de que abusaran de mí no fue culpa mía. Yo fui una víctima, pero no seguiré siéndolo. Estaré sana emocionalmente y completa en mi alma. Dios me está ayudando, y cada día estoy haciendo progresos".

Todos tenemos problemas dolorosos del pasado que debemos afrontar. No fueron culpa nuestra, y no es justo que suframos debido a la conducta de otras personas. Quizá cuando eras niño se burlaban de ti sin misericordia, y sigues sintiéndote inseguro y muy sensible debido a ese viejo dolor. Quizá alguien a quien querías te dejó sin explicación alguna. Cualquiera que fuese la fuente de tu dolor, Dios te ama. ¡No tienes que pasar toda tu vida lamentándote por algo por lo que no puedes hacer nada! Dios te ayudará... Él está esperando ayudarte.

No te quedes atascado en un momento

Tu futuro no tiene espacio para tu pasado, y te aliento a que no te quedes atascado en un momento o un marco de tiempo en tu vida que ya ha pasado. Millones de personas se pierden el presente porque se niegan a soltar el pasado o se preocupan acerca del futuro. Las cosas que me sucedieron a mí o a millones de personas en la vida son desafortunadas, por decir lo mínimo. Tales abusos son dolorosos y nos afectan, pero podemos recuperarnos. Dios es un Redentor y un Restaurador. Él promete restaurar nuestras almas, y lo hará si le invitamos y cooperamos con su proceso de sanidad en nuestras vidas.

El Señor es mi pastor, nada me falta; en verdes pastos me hace descansar. Junto a tranquilas aguas me conduce; me infunde nuevas fuerzas. Me guía por sendas de justicia por amor a su nombre. (*Salmo 23.1-3*)

Cuando este salmo dice que Él nos hace descansar y nos conduce junto a aguas tranquilas, me recuerda nuestra llegada al lugar donde finalmente dejamos de huir del pasado y sencillamente tomamos la decisión de afrontarlo y recibir sanidad. Pasamos tiempo con Dios en su Palabra y su presencia, aprendiendo que Él nos ha ofrecido una nueva vida, una vida que está llena de sanidad para nuestro espíritu, mente, voluntad y emociones. Cuando el alma está sana y restaurada, también nos causa salud física.

Muchas enfermedades en el presente son el resultado del estrés interior. A pesar de cuántos doctores visitemos o cuántas medicinas tomemos, puede que estemos tratando únicamente síntomas en lugar de llegar a la raíz del problema.

No es justo

Tristemente, el mundo está lleno de injusticias. Hay personas que van a la cárcel por cosas que no hicieron. Uno de mis tíos pasó veinte años en la cárcel por un crimen que no había cometido. Su esposa, que fue quien cometió el crimen, lo confesó justamente antes de morir, y él fue liberado. Pero tristemente, para entonces él tenía tuberculosis y vivió sólo unos pocos años más. Recuerdo que mi tío era siempre un hombre muy amable, y parecía no tener amargura alguna en cuanto a aquella gran injusticia. Yo creo que su difícil vida, vivida con una actitud de perdón, le dio a Dios más gloria que alguien que tenga una vida estupenda pero nunca esté contento. Nuestro sufrimiento no agrada a Dios, pero cuando tenemos una buena actitud en medio del sufrimiento, eso sí le agrada y le glorifica. Tener una buena actitud mientras esperamos que Dios traiga justicia a nuestra vida hace que el tiempo de espera sea más soportable.

Niños mueren, cónyuges mueren, esposos y esposas a veces son infieles, y hay esposas maltratadas. Afrontamos problemas de falta de vivienda, hambre, desastres naturales y muchas otras injusticias indescriptibles. Pero en medio de todo, Jesús es hermoso, y Él es un Dios que trae justicia. La vida no es justa, pero Dios sí lo es. Él sana a los quebrantados de corazón y sus heridas. Puede

> *La vida no es justa, pero Dios sí lo es. Él sana a los quebrantados de corazón y sus heridas. Puede que no sepamos por qué suceden las cosas del modo en que suceden, pero podemos conocer a Dios.*

que no sepamos por qué suceden las cosas del modo en que suceden, pero podemos conocer a Dios. Podemos conocer su amor, su perdón y misericordia. Cuando estamos tristes y emocionalmente destrozados, una de las cosas sencillas y a la vez profundas que ayudan es la siguiente: ver las cosas buenas que tenemos y estar agradecidos por ellas, en lugar de quedarnos en las injusticias que hayamos sufrido. Puede que pienses: *¡Ya he oído eso miles de veces!* ¿Pero lo estás haciendo? El conocimiento sin acción es inútil.

Muchas personas son tratadas injustamente; no merecen el dolor que experimentan, pero estoy muy contenta porque incluso cuando pase por cosas feas y dolorosas, tengo a Jesús en mi vida para ayudarme y fortalecerme. Mediante su guía, podemos quemarnos pero no amargarnos. Cuando somos heridos, tendremos emociones al respecto. Puede que nos sintamos enojados, frustrados, desalentados o deprimidos, pero no tenemos que permitir que ninguno de esos sentimientos nos controle. Podemos manejar nuestras emociones con la ayuda de Dios.

Cuando estamos sufriendo emocionalmente es fácil pensar que nunca nos recuperaremos. Pero una vez más, te aliento a no quedarte atascado en un momento en el tiempo. Quizá no tuviste un buen comienzo en la vida, pero te prometo que puedes tener un buen final. La esperanza liberará gozo en tu vida. Nunca es demasiado tarde para volver a empezar. Suelta el pasado y da un paso hacia la buena vida que Dios envió a su Hijo Jesús a comprar para ti.

¿Cuánto de mi conducta es tan sólo mi personalidad?

Las personas tienden a ser muy distintas las unas de las otras en cuanto a cómo actúan y responden a situaciones en particular. Esto se ha estudiado en profundidad, y se han identificado cuatro tipos básicos de personalidades. Algunas personas tienen una personalidad que es más emocional que otras; este grupo se denomina sanguíneo. Las personas sanguíneas son alegremente optimistas, y son el alma de la fiesta, habladoras y apasionadas. Tienden a no ser tan naturalmente disciplinadas y organizadas como algunos de los otros tipos de personalidad. Ellas no sólo sienten y expresan emoción; son apasionadamente emotivas y entusiastas, en especial con respecto a cosas que les gustan.

Los otros tres tipos de personalidad son: colérico, flemático y melancólico. Mientras que todos poseemos elementos de más de uno de esos tipos de personalidad, la mayoría de personas tienen un tipo dominante que prevalece en su personalidad. ¡No es sorprendente que sea difícil para todos intentar llevarnos bien!

La persona colérica o de tipo A es fuerte en su enfoque de la vida. ¡Podríamos decir que hace todo con un estrépito! Es definido y enfático con respecto a lo que quiere. Cuando los coléricos cometen errores, normalmente son errores llamativos. Toman decisiones rápidas, son confiados y nacen para liderar. Quieren controlar y tienen tendencia a ser mandones. Están orientados hacia los objetivos y encuentran valor en los logros. La persona colérica puede hacer muchas cosas en la vida, pero también puede dejar un rastro de personas heridas en el camino. Afortunadamente, Dios puede utilizar nuestras fortalezas y ayudarnos a disciplinar nuestras debilidades si le damos el control a Él. Podemos aprender a tener temperamentos controlados por el Espíritu. En caso de que aún no te hayas dado cuenta, yo soy una fuerte colérica.

Dave es principalmente flemático. Él es más abierto y de ningún modo emocional. Es muy lógico, lo cual no es sólo un rasgo de su tipo de personalidad, sino un rasgo que es inherente en la mayoría de los hombres. Dave es muy paciente y puede esperar por siempre a que sucedan las cosas. Nunca se preocupa, y nunca está atormentado por la culpabilidad. Hay algunas cosas en la vida, como sus partidos de golf y de fútbol y no tomar vacaciones en lugares fríos, en cuanto a las que él es muy definido, pero en general se adapta a cualquier cosa que yo quiera hacer. Como él mismo dice, es adaptable. Es interesante observar que frecuentemente un colérico se casa con un flemático. Son contrarios, pero cada uno tiene algo que el otro necesita.

Después tenemos a las personas melancólicas. Son creativas, talentosas y muy organizadas. ¡Necesitan un plan! ¡Les encantan las listas! Algunas de ellas tienden a deprimirse y desalentarse con facilidad. Necesitan mucho ánimo, especialmente con respecto a sus logros. Con bastante frecuencia, una persona melancólica se casará con una sanguínea, y la guerra continúa hasta que aprenden el arte de adaptarse y beneficiarse de las fortalezas mutuas a la vez que son pacientes con las debilidades.

Las personas coléricas con frecuencia son irritadas por los chispeantes sanguíneos, porque tienen cosas que lograr y son muy serios con respecto a sus objetivos. El sanguíneo tiene el objetivo de disfrutar de la vida y pasarlo bien. Las personas sanguíneas son un poco aleatorias y no llevan muy bien los calendarios. Si llegan a hacer una lista, probablemente no sabrá dónde está si la necesitan.

Una empleada y buena amiga mía es una persona maravillosa y chispeantemente sanguínea. Resulta que ella es también mi peluquera, y cuando me está peinando, en cuarenta y cinco minutos me entero de todo sobre sus vecinos, sus mascotas, enfermedades y automóviles. Me entero de lo que ella vio de camino al trabajo y obtengo un informe completo de la meteorología y el tráfico; sé cuánto polen hay en el aire. Si le pido algún recibo, ella saca de su bolso un montón de cosas y comienza a buscar. A veces encuentra el recibo, y otras veces no. Ella no para de hablar y reír, y finalmente yo le digo que ya he tenido bastante y que se quede callada unos minutos; y entonces ella comienza de nuevo. ¡Pero me encanta y disfruto de ella! Las dos somos diferentes, pero nos necesitamos mutuamente. Ella evita que yo sea tan intensa, y yo evito que ella sea peligrosamente desorganizada. Ella tiene un teléfono, pero me sorprende cuando lo responde, mientras que yo, por otro lado, me llevo mi teléfono hasta al cuarto de baño.

Estar cerca de una persona sanguínea durante demasiado tiempo puede ponerme nerviosa, pero estoy segura de que yo también le pongo nerviosa a ella. Las personas profundamente melancólicas también son un poco difíciles para la mayoría de coléricos. Sus fortalezas son vitales para nosotros, pero su necesidad de perfección puede ser un poco abrumadora.

Todos los tipos de personalidades tienen fortalezas y debilidades. Como he dicho, la mayoría de nosotros tenemos una mezcla de rasgos de personalidad. Tenemos uno que es más destacado, y un poco de los demás. De 40 puntos de prueba, yo soy colérica en 38 puntos, flemática en 1 punto y sanguínea en 1 punto. Mi esposo es flemático, colérico a veces y también melancólico cuando se trata de que sus cosas se mantengan en orden. Uno no quiere meterse en las cosas de Dave. Él lleva una bolsa de gorras de golf cuando viajamos, y si alguien las aplasta, oramos por esa persona rápidamente, porque no es bueno estropear las gorras de golf de Dave. Las gorras de golf no son importantes para mí, pero son importantes para él. Igualmente, hay muchas cosas que son importantes para mí y que a él no le importan en absoluto. Hemos aprendido a respetar las diferencias mutuas en lugar de esforzarnos por cambiarnos el uno al otro.

Todas las personas son hermosas a su propia manera, y afortunadamente Dios nos da la capacidad de llevarnos bien si estamos dispuestos a aprender sobre nuestras diferencias y mostrar un amor verdadero los unos hacia los otros.

¿Cuál es tu tipo?

Una de las cosas más valiosas en la vida es conocerte a ti mismo. Si eres sanguíneo, entonces debes saber que necesitarás tener cuidado de no permitir que tus emociones dirijan tu vida.

No compres cosas emocionalmente, hables emocionalmente, comas emocionalmente ni tomes decisiones serias con demasiada rapidez. Piensa en lo que estás haciendo antes de hacer compromisos, y busca el equilibrio en lugar de permitir que tus emociones te controlen. ¿Por qué te sientes del modo en que te sientes? Podría ser tu temperamento, pero no lo utilices como excusa para permitir que las emociones te gobiernen.

Si eres colérico, sé cauto para no intentar controlar situaciones y personas. Si eres melancólico, tu mente puede darte muchos problemas porque piensas mucho y quieres que todo se haga de manera muy concreta. Si eres flemático, puede que necesites confrontar las cosas que preferirías ignorar, o levantarte y hacer algunas cosas en la casa cuando preferirías quedarte sentado en el sofá. Todos necesitamos esforzarnos por tener equilibrio en todas las cosas.

He mencionado que las pruebas de personalidad revelan que yo tengo un punto del temperamento sanguíneo, lo cual significa que tiendo a ser más seria y no muy humorística; sin embargo, cuando enseño y predico la Palabra de Dios, la gente me dice que soy muy divertida. Eso demuestra que cuando permitimos que Dios controle nuestra personalidad, nos volvemos más equilibrados. Yo podría tener tendencia a ser demasiado seria, pero que Dios fluya por medio de mí me hace ser divertida. Me encanta cómo nos ayuda Dios en cada debilidad si se lo permitimos.

Le pido que, por medio del Espíritu y con el poder que procede de sus gloriosas riquezas, los fortalezca a ustedes en lo íntimo de su ser. (*Efesios 3.16*)

He incluido una lista de libros sobre el tema de las personalidades al final de este libro en caso de que quieras saber más acerca de los tipos básicos y sus fortalezas y debilidades. El estudio en esta área me ha ayudado mucho a apreciar a personas de todos los temperamentos y llevarme bien con ellas.

El apóstol Pablo afirmó que él había aprendido a ser todas las cosas para todas las personas. Yo creo que podemos aprender cómo dar a las personas lo que necesitan si las entendemos. También creo que podemos mejorar en el manejo de nuestras emociones si nos entendemos a nosotros mismos.

Muchas de las respuestas a las preguntas del porqué en la vida se encuentran sencillamente en entender más acerca de ti mismo.

Definición y confesión: *Cualquiera que sea mi tipo de personalidad, recordaré que ahora soy una nueva persona en Cristo.*

Dile a alguien cómo te sientes

Todos tenemos un deseo innato de decirle a alguien cómo nos sentimos, pero decírselo a la persona equivocada sólo empeora nuestros problemas. Hablar en exceso sobre una situación puede derivar fácilmente en la queja, y eso es un pecado. Toma tiempo para leer las escrituras siguientes y considerar realmente lo que están diciendo:

> No cometamos inmoralidad sexual, como algunos lo hicieron, por lo que en un sólo día perecieron veinti- trés mil. Tampoco pongamos a prueba al Señor, como lo hicieron algunos y murieron víctimas de las ser- pientes. Ni murmuren contra Dios, como lo hicieron algunos y sucumbieron a manos del ángel destructor.
> (1 Corintios 10.8-10)

Estos versículos serían aterradores si no reconocemos que vivimos en la era de la gracia, y tenemos la capacidad de arrepentirnos y recibir perdón rápidamente. Pero es interesante observar que la queja se considera un grave problema. ¿Por qué? Porque Dios es infinitamente bueno, y espera que seamos agradecidos incluso en medio de la dificultad de cualquier tipo. Puede que no sea fácil, pero Él lo espera de todos modos.

En nuestra búsqueda de hablar con alguien sobre lo que nos está molestando, necesitamos tener cuidado de no pasar a la queja o cometer el error de hablar con la persona equivocada. Podrías preguntar: ¿Quién es la persona correcta? Si lo que realmente necesitas es tan sólo desahogarte de manera sana y quizá quieras un buen amigo que ore por ti, entonces sugiero que escojas un amigo de confianza, un familiar o un líder espiritual. No repitas hasta la saciedad cómo te sientes. Tan sólo expresa tus sentimientos y sigue recordándote a ti mismo que Dios puede sanarte y resolver tu situación.

Si tu situación es grave y pareces estar en un punto muerto, considera la consejería profesional. Ese tipo de conversación puede ser saludable porque el consejero intentará ayudarte a afrontar problemas reprimidos que pueden estar produciendo emociones poco sanas en tu vida. Tales problemas pueden ser venenosos, y es necesario sacarlos del sistema. Entonces puedes proseguir hacia la buena vida que Dios quiere que tengas. Yo creo que algunas personas pagan a un consejero durante años y años tan sólo para tener a alguien con quien hablar; pero eso no es consejería verdadera. La consejería verdadera te ayuda a ver y afrontar la verdad, y cuando eso ocurre, entonces puede comenzar la obra de sanidad.

Hablar con un consejero puede ser bueno, pero nunca olvides que la persona absolutamente mejor con quien hablar es Dios.

Los salmos escritos por David me resultan muy interesantes, porque él no se reprimía en cuanto a decirle a Dios cómo se sentía exactamente. Pero también continuaba declarando que él confiaba en que Dios era fiel para cumplir sus promesas. Con frecuencia, David hasta le recordaba a Dios algo que Él había prometido en su Palabra. Veamos sólo un pasaje de la Escritura como ejemplo:

¿Hasta cuándo, Señor, me seguirás olvidando? ¿Hasta cuándo esconderás de mí tu rostro? ¿Hasta cuándo he de estar angustiado y he de sufrir cada día en mi corazón? ¿Hasta cuándo el enemigo me seguirá dominando?

Señor y Dios mío, mírame y respóndeme; ilumina mis ojos. Así no caeré en el sueño de la muerte; así no dirá mi enemigo: "Lo he vencido"; así mi adversario no se alegrará de mi caída.

Pero yo confío en tu gran amor; mi corazón se alegra en tu salvación. Canto salmos al Señor. ¡El Señor ha sido bueno conmigo! (*Salmo 13.1-6*)

Si yo parafraseara lo anterior en lenguaje actual, podría sonar algo parecido a lo siguiente: "Dios, estoy sufriendo tanto que siento como si fuera a morir. ¿Cuánto tiempo esperarás antes de hacer algo por mí? ¿Quieres que mis enemigos digan que han vencido? Dios, he confiado en ti y continuaré haciéndolo. Permite que vea tu rostro incluso en medio de mis problemas para que pueda recibir aliento. Me siento fatal, Dios, pero me regocijaré y tendré una buena actitud debido a tu salvación y tus promesas de amor y misericordia. Cantaré a ti porque eres bueno".

Este salmo describe el principio que estoy presentando en este libro. No tenemos que negar que nuestras emociones existan, pero no debemos permitir que nos controlen. Nuestras emociones no tienen que controlar nuestras decisiones. No siempre podemos cambiar el modo en que nos sentimos, pero podemos escoger lo que haremos en cada situación. Podemos confiar en que Dios equilibrará nuestras emociones mientras nosotros tomamos decisiones correctas.

Yo creo que era sano espiritualmente e incluso físicamente que David expresara a Dios cómo se sentía en realidad. Era una manera de liberar sus sentimientos negativos de modo que no pudieran hacer daño a su hombre interior mientras él esperaba la liberación de Dios. He observado que David frecuentemente decía cómo se sentía o cuáles eran sus circunstancias y después decía: "*Pero* confiaré en Dios. Alabaré a Dios, quien me ayuda".

Yo nunca sugeriría que guardes tus sentimientos en el interior y permitas que te carcoman. Mi propósito no es alentarte a que seas falso y finjas que todo va bien mientras estás hirviendo de enojo en el interior o te sientes tan desalentado que crees que podrías explotar. Las personas que

repriben el dolor y nunca aprenden a tratarlo adecuadamente, finalmente explotan por dentro o por fuera, y ninguna de las dos cosas es una buena elección. No queremos
negar la existencia de las emociones, pero podemos negarles el derecho a gobernar sobre nosotros.

Mi propósito es conseguir
que te expreses honesta-
mente ante Dios o ante una
persona a la que Dios quiera
usar, y hacer que te expre-

> *Quiero enseñarte a poseer tus emociones en lugar de permitir que ellas te posean a ti.*

ses de manera buena y piadosa. Quiero enseñarte a poseer
tus emociones en lugar de permitir que ellas te posean a ti.

Algo apesta

¿Has abierto alguna vez la puerta del refrigerador y has
notado un aroma que te hizo decir "algo aquí apesta"?
Estoy segura de que la mayoría de nosotros hemos tenido
esa experiencia, y cuando eso sucede sabemos que si no
encontramos cuál es la fuente del problema, sencillamente
empeorará. No hace mucho tiempo me tomé un café con
una amiga, y me sorprendió oír algunas de las cosas que
ella me decía sobre su iglesia. Expresaba descontento con
varias cosas, y lo hacía de manera crítica y con juicio. Yo
me fui aquel día pensando: *Hay algo que no es correcto en
su corazón.* Escuché celos, descontento, crítica y amargura.
Ella estaba hablando del ministerio de alabanza de la iglesia, y era obvio para mí que estaba ofendida porque no le
habían ofrecido el puesto de líder de alabanza.

Yo intenté hacerle ver que su actitud no era buena, pero ella no estaba preparada para lamentar el modo en que se estaba comportando. Sé con seguridad que ella habló con otras personas, y terminó difundiendo su actitud crítica con ellas. Yo era consciente de que su actitud apestaba, y empeoraría a menos que ella la limpiase.

> *Cuando te sientas muy cansado en la noche, puede haberse debido a que te has quejado todo el día.*
>
> Anónimo

Varios meses después, ella terminó cayendo en un profundo pecado. La puerta para el pecado bien pudo haberse abierto en su vida por medio de una mala actitud hacia otros. Su herida se convirtió en una infección que causó problemas muy graves.

Todo el asunto podría haberse evitado si ella hubiera hablado con Dios en lugar de hablar con otros. Ella no habló conmigo o con otras personas para obtener ayuda genuina, sino simplemente se estaba quejando. Y ya hemos visto cuál es la actitud de Dios hacia eso. Si ella hubiera acudido a Dios como hacía David, podría haberle dicho algo parecido a lo siguiente: Dios, me siento enojada porque no me ofrecieron el puesto de líder de alabanza. Debo admitir, Señor, que siento celos y creo que fue injusto. Pero pondré mi confianza en ti. El verdadero ascenso viene de ti, y creo que si tú quieres que yo esté en esa posición, sin duda puedes ponerme en ella. Mientras espero en ti, te alabaré y apoyaré al equipo que ha sido elegido".

Al manejarlo de esa manera, ella podría haberse

expresado sinceramente y a la vez haber mantenido integridad y rectitud espiritual. Podría haber manejado sus emociones en lugar de permitir que ellas le manejaran.

Cuando te sientas muy cansado en la noche, puede haberse debido a que te has quejado todo el día.

Anónimo

Aleja la tristeza con un canto

Leí una interesante historia en un libro titulado *Child of the Jungle* [El niño de la jungla]. Un misionero y su familia vivían entre la tribu Fayu en Nueva Guinea. La hija del misionero, Sabine, escribió lo siguiente:

Cuando nos trasladamos por primera vez con los Fayu, nos preguntábamos si ellos conocían algún canto, ya que nunca les habíamos oído cantar. Esta pregunta fue respondida con bastante rapidez. Acabábamos de regresar de Danau Bira, y otra vez nos habían robado nuestras cosas. Mientras catalogábamos nuestras pérdidas, oímos cantos al otro lado del río. Era Nakire que cantaba en un hermoso monotono.

Él cantaba: "Ooooh, los Fayu son como las aves. Ooooh, siempre toman del mismo árbol. Ooooh, que gente mala. Ooooh, pobre Klausu, pobre Doriso. Están muy tristes y se preguntan dónde están sus cosas. Ooooh..."

Papá estaba muy contento, pues quedó claro para nosotros que los Fayu simplemente improvisan un canto sobre su situación. Los cantos sólo consisten en tres notas con las cuales ellos expresan cualquier cosa que sientan en el momento. No es la música más sofisticada, pero es un sonido que pronto aprendí a amar.

El uso que ellos hacen de los cantos para expresarse puede que sea una de las razones de que los Fayu no parezcan sufrir depresión y otros trastornos psicológicos. Los sentimientos son expresados inmediatamente. Hay incluso momentos apartados para liberar las emociones, por ejemplo el canto del lamento. Cuando el canto del lamento llega a su fin, la tristeza se termina verdaderamente y la vida vuelve a la normalidad.

Cuando una persona experimentaba un acontecimiento traumático, podría quedarse en su cabaña durante semanas, sin decir ni una sola palabra pero cantando durante horas. Durante ese período, otros miembros del clan le llevaban comida. Entonces un día, él sencillamente se levantaba dejando el trauma a sus espaldas. Limpio del dolor, regresaba sonriente a sus tareas cotidianas.

¿Y si comenzáramos a inventar nuestros propios cantos? "Ooooh, me siento muy desgraciado porque mi esposo perdió su empleo y no sé qué vamos a hacer. Ooooh, no entiendo por qué mis amigas son bendecidas y parece que yo siempre tengo problemas. Ooooh, ¿cuándo cambiarán mis circunstancias? Tengo ganas de huir de todo. Ooooh, tengo ganas de escaparme".

Después de oírme predicar sobre esto en un seminario, una muchacha de nuestra plantilla inventó un canto sobre su nariz. Era algo parecido a lo siguiente: "Ooooh, estoy muy cansada de tener siempre mi nariz atascada. Tan sólo quiero respirar; sí, quiero respirar con facilidad. No parece justo que sea alérgica al espacio en el que vivo. Ooooh, no es justo".

Estoy segura de que entiendes lo que quiero decir. Podría ayudarte cantar tus verdaderos sentimientos, pero dile siempre a Dios que confías en Él para que enderece las cosas.

Este es el mismo principio que David practicaba. Los salmos son cantos; son palabras con música. Y eran el modo que David tenía de expresarse sinceramente ante Dios. En la Biblia se nos alienta a cantar a Dios un canto nuevo (ver Salmo 96.1). Quizá parte de esos nuevos cantos que inventemos debería ser una sincera expresión de cómo nos sentimos. Al desahogar nuestras emociones adecuadamente, podríamos evitar muchos problemas psicológicos, de la misma manera que hacía la tribu Fayu.

Nuestra sociedad de plástico

¿Tienes la sensación alguna vez de que vivimos en una sociedad de plástico? Utilizamos tarjetas de plástico para hacer compras, lo cual nos da la ilusión de que poseemos lo que hemos comprado y hemos llevado a casa, pero lo cierto es que mientras haya un balance en la tarjeta de crédito, ella es nuestra dueña. Las tarjetas de crédito son fáciles de usar, pero cuando llegan las facturas, con frecuencia nos sorprendemos por haber gastado tanto y la ilusión que teníamos desaparece.

Con frecuencia parece que poseemos lo que realmente no poseemos. Muchos de nosotros trabajamos en empleos que aborrecemos sencillamente porque nos proporcionan títulos y un sentimiento de importancia. Podemos someternos a la cirugía plástica o la liposucción; podemos teñirnos el cabello o ponernos extensiones. Con un presupuesto ilimitado, podríamos hacer casi cualquier cosa que quisiéramos para alterar nuestro aspecto físico. Podemos ponernos una sonrisa de plástico y decirle al mundo que estamos bien mientras en el interior nos desmoronamos. Es todo una ilusión.

Cuando preguntamos a las personas como están, la respuesta es normalmente un "bien", pero la persona en realidad podría sentirse aterrada, insegura, neurótica y errática. Como cristianos, a veces sentimos que deberíamos sentirnos mejor de lo que estamos, o que es incorrecto sentirnos como nos sentimos, y por eso ocultamos a todos nuestros sentimientos. A veces intentamos ocultarnos a nosotros mismos cómo nos sentimos en realidad. Fingimos tener fe cuando estamos llenos de duda. Fingimos ser felices cuando nos sentimos desgraciados; y fingimos tener el control y todo solucionado, pero en casa, tras puertas cerradas, somos personas totalmente diferentes.

No queremos admitir que estamos viviendo vidas fingidas, así que permanecemos lo bastante ocupados para no tener que tratar nunca las cosas como son en realidad. Puede que incluso nos enterremos en el trabajo en la iglesia o en la actividad espiritual como manera de ocultarnos de Dios. Él intenta mostrarnos verdad, pero nosotros preferimos trabajar para Él en lugar de escucharle.

Dios quiere que seamos sinceros y genuinos. No caigas en la trampa de pensar que todos tus sentimientos son malos. Ser una persona de fe no significa que nunca tendrás sentimientos negativos o impuros. Experimentaremos sentimientos que hay que tratar, pero siempre podemos ejercitar nuestra fe en Dios y pedirle que nos ayude a no permitir que nuestros sentimientos nos controlen. La Biblia dice que vivimos por fe y no por vista (ver 2 Corintios 5.7). Eso significa que no tomamos decisiones basándonos en lo que vemos o sentimos, sino según nuestra fe en Dios y sus promesas para nosotros. Yo no creo que lo que sentimos sea un pecado mientras estemos hablando con Dios al respecto y asegurándonos su fortaleza para escoger actuar según su Palabra y no según nuestros sentimientos. La Biblia dice que nos enojemos pero no pequemos. Eso significa literalmente que puedes sentir enojo por una injusticia, pero si la tratas adecuadamente, entonces no se convertirá en pecado (ver Efesios 4.26).

La verdad nos hace libres. Debemos tratar verdaderamente, vivir verdaderamente y, sobre todo, ser verdaderos con Dios y con nosotros mismos. La Biblia también dice que debemos rechazar toda falsedad; debemos terminar con eso y permitir que todos expresen verdad con su prójimo (ver Efesios 4.25). No creo que eso signifique que deberíamos soltar todo lo que pensamos a todo aquel que nos encontremos diciéndole lo que sentimos y hemos hecho en la vida, sino que no podemos tener relaciones de plástico que estén edificadas sobre el fingimiento.

Decisión y confesión: *Seré auténtico y verdadero en mi caminar con Dios y con los demás seres humanos.*

CAPÍTULO
4

Nuestros secretos nos ponen enfermos

Recuerdo un período en que yo había trabajado tanto durante mucho tiempo, y había estado alrededor de tantas personas que querían algo de mí, que pasé conduciendo al lado de mis propias oficinas y solté mi lengua contra todo. En ese momento ni siquiera quería oír el nombre de Joyce Meyer. Quería ir al supermercado, y hornear un pastel o limpiar un piso. Quería hacer cualquier cosa que me proporcionara un sentimiento de ser tan sólo una persona. Me había permitido a mí misma desequilibrarme intentando "estar ahí" demasiado para la gente, y me estaba deteriorando emocionalmente a causa del estrés. Pero después de un periodo de descanso y un cambio de ritmo, me recuperé y estuve lista para volver al trabajo.

Pienso que muchas personas, especialmente aquellas que están en el ojo público, pueden desarrollar fácilmente el hábito de vivir una doble vida. Intentan ser lo que todo el mundo quiere que sean, y sin embargo, en lo profundo de su ser quieren intimidad y la libertad de ser sencillamente ellos mismos. Lo cierto es que quieren ambas cosas. Les encanta lo que hacen; nacieron para liderar, actuar, cantar o enseñar, pero necesitan equilibrio. Si niegan sus propias necesidades y viven tan sólo para agradar a otras personas, finalmente se volverán disfuncionales en alguna manera.

Me encanta la gente. Me encanta estar con ellos y estar ahí en lo que necesiten. Pero a pesar de lo mucho que disfrutemos de lo que hacemos, de vez en cuando necesitamos un respiro y un cambio de ritmo. Una de las razones de que nos sintamos infelices o molestos a veces es simplemente que somos impulsados por una necesidad de agradar a todo el mundo y ser aceptados por ellos. No deberíamos permitir que las personas nos manipulen. No podemos permitir que sus expectativas nos controlen. Es increíble lo mucho que tememos ser totalmente sinceros con la gente. Incluso cuando yo decidí compartir mi pequeña historia sobre soltar mi lengua delante de mis propias oficinas, me encontré preguntándome si podría ser así de sincera y no decepcionar a la gente. Decidí creer que mis lectores son bastante maduros para entender que aunque amo verdaderamente lo que hago, hay momentos en que me canso y simplemente quiero relajarme y tener tiempo para mí misma.

Uno de mis hijos pasó un período particularmente difícil al ser HP (hijo de predicador). Cuando era más mayor, le pregunté qué fue lo más difícil para él, y después de pensarlo un poco, dijo: "Las expectativas de la gente". Me dijo que las personas siempre esperaban que él no fuese un niño normal que cometía errores como cualquier otro niño. Esperaban más de él porque era mi hijo. Si hablaba en voz alta en clase, un maestro podría decir: "Yo esperaría más del hijo de Joyce Meyer". Fue muy necio por parte de ese maestro poner ese tipo de presión sobre él. Aunque era mi hijo, tenía que crecer y aprender al igual que cualquier otro niño lo haría.

Las expectativas de la gente con frecuencia pueden ser muy irrealistas, y si se lo permitimos, nos presionarán terriblemente. No desarrolles una vida de plástico y estés lleno de secretos que te están haciendo enfermar sólo para satisfacer las expectativas de la gente. Vive honestamente y verdaderamente, y Dios te dará los amigos correctos que te alentarán a ser verdadero y genuino.

En un esfuerzo por ser sincera, una mujer me dijo en una ocasión: "Sólo sentí que necesitaba ser sincera y decirle que usted me ha caído mal durante años, y he murmurado sobre usted, y me gustaría que me perdonase". Yo le perdoné, pero lo que ella hizo fue una necedad. Ella limpió su conciencia a expensas de volcar sobre mí su problema. Después yo tuve que tratar aquello y resistirme a preguntar por qué yo no le caía bien, lo que había dicho sobre mí y con quién había hablado. Ese no es el tipo de sinceridad de la que Dios habla. Hay algunas cosas que deberíamos guardarnos para nosotros mismos por sabiduría. Sí queremos vivir verdaderamente, pero la Biblia nos dice que hablemos la verdad en amor. Con frecuencia me he preguntado qué tipo de amor le hizo compartir su secreto conmigo.

Hay algunas cosas que deberías mantener entre Dios y tú, pero ciertas cosas sí deben sacarse a la luz. Conozco a un hombre cristiano que tuvo una aventura amorosa con otra mujer. Cuando él decidió que no quería dejar a su esposa por esa mujer, también decidió que no iba a contarle a su esposa la aventura. Su esposa ya sabía desde hacía algún tiempo que algo iba mal, e incluso le había preguntado en repetidas ocasiones si estaba con otra mujer. No había manera alguna en que pudieran edificar una relación sana sobre la mentira. Yo le dije que tenía que ser totalmente sincero con ella y orar para que ella encontrase la gracia para perdonarle e intentar reconstruir el matrimonio.

Si él intentaba seguir adelante hundido en el engaño, probablemente terminaría haciendo lo mismo otra vez. Lo que ocultamos sigue teniendo autoridad sobre nosotros y crea temor. Él tenía que tratar un problema; necesitaba consejería para descubrir por qué le había sido infiel a su esposa. El hombre no podía pasar por alto la situación y tratarla al mismo tiempo. Aquel era un secreto que lo habría enfermado a él y su matrimonio.

Tengo un ejemplo de mi propia vida que podría ser útil. Cuando tenía veinte años de edad, y ya ha pasado mucho tiempo desde entonces, robé dinero de una empresa para la que trabajaba. El hombre con quien estaba casada en aquel momento era un ladrón de poca monta, y me convenció para que rellenase algunos cheques, ya que yo era la encargada de dar los cheques de los pagos, para después cobrarlos en efectivo e irnos rápidamente de la ciudad. No le estoy culpando a él, porque yo debería haberme negado, pero hay momentos en la vida en que permitimos que personas a las que queremos nos convenzan para hacer cosas que van en contra de nuestra conciencia. Cuando lo hacemos, siempre termina mal.

Cobramos los cheques y nos fuimos de la ciudad, pero finalmente regresamos, y seguía habiendo una investigación continuada acerca del dinero robado. Me interrogaron, yo conté más mentiras, y evité ser acusada del delito. Mi esposo me engañó con otras mujeres, robó propiedades, y finalmente fue arrestado y metido en la cárcel. Nos divorciamos, y muchos años después, casada con otra persona y a punto de entrar en el ministerio, supe que tenía que volver a la empresa a la que había robado, admitir el robo y devolver el dinero. ¡Guau! ¿Y si me arrestaban? Yo estaba muy asustada, pero sabía que tenía que obedecer a Dios. No podía seguir adelante hasta haber confrontado aquella situación de mi pasado.

Fui a la empresa y expliqué lo que había hecho, y que ahora era cristiana y quería pedirles perdón y devolver el dinero. Ellos amablemente me permitieron hacerlo, y fui libre del molesto temor a que algún día pudieran agarrarme. Estoy convencida de que si no hubiera obedecido a Dios, no estaría en el ministerio en la actualidad. Dios está dispuesto a perdonarnos cualquier cosa, pero debemos confesarlo y hacer restitución siempre que sea posible.

Si Dios te dice que saques a la luz alguna cosa o confrontes una situación de tu pasado, sé obediente a Él. Él te está haciendo saber que ese problema te está reteniendo para obtener lo mejor que Él tiene para ti. Ora siempre en cuanto a cuándo y cómo confrontar las cosas, especialmente cosas que hayan estado enterradas por mucho tiempo.

Recuerda: la estabilidad emocional llega mediante aprender a vivir con verdad.

> *Si Dios te dice que saques a la luz alguna cosa o confrontes una situación de tu pasado, sé obediente a Él. Él te está haciendo saber que ese problema te está reteniendo para obtener lo mejor que Él tiene para ti*

Quizá, después de leer esto, sientas que algo oculto en tu interior está envenenando tu vida y quieres confrontarlo, pero no estás seguro si sería lo mejor para todas las personas involucradas. Te sugiero que primero ores, y si sigues sin estar seguro de qué acción emprender, habla con un líder espiritual en quien confíes o con un consejero para obtener consejo. Como mencioné anteriormente, siempre tenemos que hablar la verdad en amor, y el que compartamos algo debe ser para ponerle fin y no para crear más heridas.

No te atrevas a decirlo

Sería sorprendente saber cuántas personas en nuestra sociedad están mentalmente, físicamente o emocionalmente enfermas por ir cargando con secretos enterrados en el interior que les carcomen como si fueran un cáncer. Si eres una de esas personas, comienza por favor a hablar con Dios, y Él o bien aligerará por completo tu carga, o te guiará con respecto a qué hacer. Es peligroso pasar por alto cosas que hay que tratar. La voluntad de Dios para todos nosotros es la integridad; no es vivir con nuestra alma llena de agujeros y observar cómo nuestra vida tiene goteras día tras día. Sacar a la luz las cosas ocultas es sin duda alguna difícil a veces, pero es mucho más difícil mantenerlas escondidas y vivir con temor a ser descubierto. Podrías necesitar hablar con un líder espiritual de confianza, un familiar o amigo, un consejero. Dios dirigirá tus pasos si acudes a Él y le dices que estás totalmente dispuesto a dejar de permitir que los secretos te enfermen. Tener una relación íntima con Dios significa que puedes y deberías hablar con Él abiertamente y sinceramente sobre cualquier cosa y sobre todo. Cuanto más hables con Dios, mejor estarás.

Durante los años en que yo recibí abusos, hablaba con Dios. Aunque era a mi propia manera infantil y sin palabras refinadas, el punto era que yo no podía hablar con ninguna otra persona. Pero sí hablaba con Dios, y creo que eso me ayudó a atravesar aquellos años difíciles.

Una razón por la que nos resulta tan difícil compartir nuestros secretos es que con frecuencia es difícil encontrar a alguien con quien hablar en quien podamos confiar. No podemos controlar lo que hacen los demás, pero podemos aprender a ser un amigo de confianza. Si alguien te cuenta algo en confianza, nunca se lo digas a otra persona. Si te dicen algo que te sorprende, hace todo lo posible por no parecer sorprendido, y no juzgues. El propósito de sacar a la luz las cosas es la restauración, no la crítica y el juicio.

Hermanos, si alguno fuere sorprendido en alguna falta, vosotros que sois espirituales, restauradle con espíritu de mansedumbre, considerándote a ti mismo, no sea que tú también seas tentado. Sobrellevad los unos las cargas de los otros, y cumplid así la ley de Cristo. *(Gálatas 6.1-2)*

La ley de Cristo es el amor. Si todas las cosas se hacen en amor, entonces siempre se manejan adecuadamente. Dios es misericordioso y paciente, y deberíamos esforzarnos por ser como Él es. Siempre deberíamos tratar a las personas que acudan a nosotros para compartir sus secretos como quisiéramos ser tratados nosotros mismos.

Personas con secretos

Margaret tuvo un hijo a los quince años de edad, y sus padres la obligaron a entregar al niño en adopción. No fue decisión de ella, pero su familia la convenció de que era lo mejor para todos los involucrados. Margaret creció, se casó y tuvo otros cuatro hijos. Ella nunca le habló a nadie sobre la hija que había entregado cuando tenía quince años. Pasaron los años y cambiaron las leyes de adopción, permitiendo a los niños adoptados ponerse en contacto con sus padres biológicos. Un día, Margaret estaba sola en su casa y sonó el timbre de la puerta. Ella abrió la puerta y se encontró con una hermosa señorita que dijo que era su hija. Margaret sintió alegría y temor al mismo tiempo. Reaccionó emocionalmente, y sin ni siquiera pensar en lo

que estaba haciendo, le dijo a la joven que estaba equivocada y le pidió que no regresara nunca. La muchacha se
fue triste y con el corazón roto, sintiéndose aún más recha-
zada que antes.

Durante los dos meses siguientes, Margaret se sintió
cada vez más desgraciada a medida que pasaban los días.
Margaret tuvo varios problemas de salud a lo largo de los
años, y el doctor siempre le decía que era por el estrés,
pero ella nunca conectó los puntos entre el secreto y el
estrés. Ella sentía horribles dolores de cabeza e insomnio.
Su familia se dio cuenta de que algo iba mal, y siguió pre-
sionándola para obtener una respuesta. Finalmente, Margaret sintió que moriría si no contaba la verdad, así que
les habló a su esposo y sus hijos sobre el bebé. Para sorpresa de ella, ellos no se enojaron. Su único desengaño fue
que ella nunca hubiera confiado en el amor que ellos le
tenían lo suficiente para contárselo. Los hijos lamentaron
que tuvieran una hermana a la que nunca habían visto, y
quisieron conocerla.

Margaret había guardado un secreto por muchos años
que no era necesario guardar. Ella estaba convencida de
que su familia la rechazaría si sabía la verdad, pero descubrió que la amaban lo suficiente para aceptar su imper-
fección. Ellos buscaron y encontraron a la muchacha que
ahora era una mujer llamada Meredith. Afortunadamente,
ella había sido adoptada y criada por padres que la querían
mucho. Meredith sentía que Dios le había estado guiando
a encontrar a su madre biológica, y aunque fue necesaria

sanidad emocional, todos se recuperaron y ambas familias se hicieron amigas. Es increíble lo que Dios puede hacer si somos sinceros y confiamos en Él.

Durante los años en que yo recibí abusos sexuales de mi padre, él siempre subrayaba que tenía que ser un secreto. Sin duda era un secreto, y terminó poniéndome mentalmente y emocionalmente enferma. Él me decía que si se lo contaba a alguien, no me creerían y que yo causaría problemas a todos. Me aseguraba que no había nada de malo en lo que me hacía, pero que las personas no lo entenderían. Yo todavía no había aprendido que si tenemos que ocultar algo, normalmente significa que hay algo de malo en ello. Muchos, muchos años después, cuando finalmente confronté a mi padre, él intentó decirme que no sabía que lo que me hacía estaba mal, y no tenía ni idea de que me estaba haciendo daño. Pero para mí era obvio que si él no hubiera sabido que estaba mal, no me habría dicho que lo mantuviera como un secreto.

Mi madre sabía lo que mi padre estaba haciendo, pero no lo confrontó, y el secreto le hizo enfermar. Después de años de ocultarse de la verdad porque tenía temor al escándalo, tuvo un colapso emocional y tuvo que recibir tratamientos de choque durante dos años. Sus nervios quedaron dañados por el trauma de mantener el secreto por tantos años, y desde entonces ha tomado medicamentos para la ansiedad. Su temor le obligó a mantener un secreto que le hizo enfermar.

Yo no le conté a nadie mi secreto hasta que tuve casi

veintitrés años de edad, y recuerdo temblar violentamente cada vez que intentaba hablar sobre ello. Estaba enterrado tan profundamente en mí que era difícil sacarlo a la luz. Yo tenía mucho temor a lo que las personas pensarían de mí, y descubrí que la mayoría de personas eran muy compasivas. Mi esposo fue maravilloso, y en años posteriores cuando se lo conté a mis hijos, ellos también fueron maravillosos. He conocido a mujeres hasta de ochenta años de edad que recibieron abusos sexuales y nunca se lo contaron a nadie. Qué triste para ellas que no conocieran el valor de decir la verdad. Estoy segura de que la mayoría de ellas existieron con personalidades disfuncionales y con el temor como su constante compañero.

Sally fue prostituta durante siete años, y durante aquel período tuvo tres abortos. Era un estilo de vida en el que ella cayó después de meterse en la cultura de las drogas cuando era adolescente. Finalmente, salió de ello e intentó vivir correctamente, pero parecía fracasar en todo. Cuando llegó a los cuarenta años de edad, se había casado y divorciado tres veces. Tenía dos hijos, pero sus padres tenían la custodia de ellos porque Sally seguía regresando a las drogas y el alcohol. Ella quería realmente ponerse bien, pero guardaba sus secretos. Finalmente, sufrió un colapso mental y físico, y mientras estaba en el hospital conoció a una maravillosa enfermera cristiana que le condujo a una relación con Dios. Cuando ella entendió que Dios la amaba y había perdonado sus pecados, fue capaz de sacar a la luz sus secretos de prostitución y aborto. Las personas a las que había herido a lo largo del camino no estuvieron tan dispuestas a perdonar como ella había esperado, pero finalmente pudo comenzar una nueva vida y edificar una nueva familia. Sigue confiando en Dios para recibir sanidad entre ella y sus otros dos hijos.

Estas historias nos muestran que los secretos abren la puerta al temor y la preocupación. Quiero que sepas que no tienes que vivir con secretos que permiten que las emociones negativas te controlen. Nuestros sentimientos son reales y poderosos, pero no son más poderosos que Dios y la verdad. Cualquiera puede tener sanidad emocional si aprende los principios en este libro y los pone en práctica en su vida. Recuerda siempre que la verdad te hará libre.

> *Nuestros sentimientos son reales y poderosos, pero no son más poderosos que Dios y la verdad.*

Decisión y confesión: *La verdad me hará libre.*

CAPÍTULO
5

Me gustaría no sentirme de esta manera

Todos hemos dicho muchas veces en la vida: "Me gustaría no sentirme de esta manera". Si pudiéramos obtener lo que queremos deseándolo, la vida sería realmente fácil, pero no funciona de esa manera. Las emociones son poderosas, y a veces nos sentimos abrumados por ellas. Según el diccionario, la raíz de la palabra *emoción* es el latín *ex-movere*, que significa "alejarse". Y eso es exactamente lo que hacen las emociones. Surgen desde algún lugar en lo profundo de nosotros y después se mueven y nos presionan a que las sigamos. Una persona emocional es una persona que tiende a seguir sus sentimientos la mayoría del tiempo. Las personas emocionales piensan, hablan y actúan de acuerdo a los sentimientos. Dios tiene un buen plan para nuestras vidas, pero tenemos un enemigo llamado Satanás, y su deseo es que sigamos todos nuestros sentimientos y terminemos en la ruina.

El diccionario también dice que una emoción es "una respuesta compleja, normalmente fuerte y subjetiva... que implica cambios fisiológicos como preparación para la acción". Las emociones conducen a emprender cierto tipo de acción. Cuando experimentamos una intensa emoción, es difícil no seguir nuestros sentimientos, pero si aquello a lo que nos conducen es equivocado, entonces debemos decirles no.

Piensa en una situación que te haga sentir impaciente y recuerda cómo te sientes cuando eso ocurre. Si eres como yo, querrás desahogarte con alguien o algo. Pero la experiencia nos enseña que más adelante lamentaremos la mayoría de lo que digamos cuando nos sentimos impacientes. La clave es aprender a vivir con sentimientos de impaciencia y esperar que las emociones se calmen antes de decidir ningún curso de acción.

Yo cancelé recientemente una cita con veinticuatro horas de antelación, según la política de cancelación del negocio. El día de la cita, unos cinco minutos después de la hora planeada para la cita, recibí una llamada preguntando si Joyce Meyer iba a mantener su cita. Yo dije que la habíamos cancelado, pero la mujer que había al otro lado de la línea telefónica me aseguró que ellos no cometían ese tipo de errores, y que la cita no había sido cancelada. También me dijo que cargarían el precio de sus servicios a mi tarjeta de crédito. Sin duda, yo sentí surgir la emoción y comenzar a moverse. Intenté utilizar mi mejor voz de impaciencia y le dije que sin duda alguna habíamos cancelado la cita, y que ella no iba a hacer ningún cargo a mi tarjeta. Ella me dijo otra vez que no habíamos cancelado la cita, y que a menos que pudiéramos demostrar que lo habíamos hecho, ella tendría que cobrarme.

Ya que yo estaba a punto de explotar, le dije que haría que la persona que había cancelado la cita llamase. También le dije que les había proporcionado muchos negocios en el pasado, y que era bastante necio decirme que yo no estaba diciendo la verdad con respecto a la cancelación. Mi asistente me aseguró que la cita había sido cancelada, y después de otras dos llamadas y de hablar con el gerente, la situación quedó solucionada. La oficina se disculpó por el error y dijeron que no cargarían nada a mi cuenta, y que esperaban seguir haciendo negocios conmigo en el futuro.

Si yo le hubiera dicho a la mujer que estaba al teléfono todo lo que tenía ganas de decir, me habría puesto en ridículo. Tenía ganas de gritarle, pero fui capaz de mantenerme tranquila, respirar, orar y tomar la decisión de que aunque terminase teniendo que pagar por la cita, no iba a perder mi paz por eso. Yo sabía que si ellos me engañaban, Dios se lo arrebataría y me lo devolvería a mí, aunque Él tuviera que pasar por miles de personas para hacerlo. Me gustaría decir que he manejado situaciones así de bien toda mi vida, pero no lo he hecho. Muchas veces he deseado no haber dicho o hecho algo, pero he aprendido que puedo tener un sentimiento que es muy fuerte y aun así no permitir que me fuerce a decir o hacer cosas que serían inapropiadas.

Cuando las emociones de una situación sean más de lo

que puedes controlar adecuadamente, es mejor alejarse de ello aunque sólo sea por unos minutos. Eso te dará tiempo para pensar y tener una charla contigo mismo. Los pensamientos sí afectan a las emociones; por tanto, tener una charla contigo mismo es útil. Recuerda todas las otras veces en que te has comportado y has hablado según tus emociones y todos los problemas y la vergüenza que causó. Entonces pregúntate si realmente quieres volver a rodear esa misma montaña.

Nadie llegará nunca a un lugar en la vida en el que no experimente una amplia variedad de emociones negativas. Si somos heridos, nos sentimos enojados. No tenemos ganas de estar cerca de la persona que nos hizo daño, y tenemos ganas de alejarla de nuestra vida. Sentimos culpabilidad por los errores que cometemos; nos sentimos impacientes si no nos salimos con la nuestra; nos sentimos frustrados e intentamos lograr algo y todos nuestros esfuerzos se ven frustrados. Puede que nos sintamos entusiastas y apasionados o fríos y desinteresados. Algunas de las emociones que experimentamos son agradables y deseables; sin embargo, otras son muy desagradables.

Los sentimientos no necesitan nuestro permiso para aparecer o desaparecer

Nuestras emociones tienden a surgir y moverse como si fueran olas del mar. Serían muy agradables si pidieran permiso para llegar o para irse, pero no lo hacen. Tan sólo hacen lo que quieren, y sin ningún aviso. Desear que nuestras emociones fuesen diferentes no cambiará nada, y por eso necesitamos hacer algo más que desear. Necesitamos aprender todo lo que podamos con respecto a ellas y emprender la acción adecuada para manejarlas. Si nos tomamos la molestia de observarnos a nosotros mismos, percibiremos fácilmente con cuánta rapidez cambian nuestros sentimientos.

Un hijo rebelde hace muchas cosas sin el permiso de sus padres, y tan sólo desear que él no hiciera eso no cambiará nada. Los padres deben disciplinar al niño para producir un cambio. El mismo principio se aplica a las emociones. Con frecuencia son como hijos rebeldes, y cuanto más tiempo se les permita hacer lo que quieran, más difícil será controlarlas.

Mi hija, Sandy, y su esposo, Steve, tienen gemelas de ocho años de edad. Steve y Sandy han estudiado técnicas de educación, y una cosa que funciona muy bien con sus hijas es el dominio propio. Es interesante observar cómo funciona para ellos. Una o las dos niñas puede que se estén comportando bastante emocionalmente. Podrían estar enojadas o actuar de modo egoísta, y el padre o la madre dirá: "Niñas, tengamos dominio propio. Vamos, déjenme ver el dominio propio". Esa es la señal para las niñas de que se crucen de brazos y se queden sentadas tranquilamente hasta que se calmen y puedan comportarse correctamente. ¡Funciona maravillosamente! Será más fácil para las gemelas, Angel y Starr, manejar sus emociones cuando sean adultas porque están aprendiendo a hacerlo temprano en sus vidas.

Yo pasé los primeros quince años de mi vida en una casa donde las emociones eran volátiles, y parecía normal para mí permitir que gobernasen. Aprendí que si uno no conseguía lo que quería, gritaba, discutía, y permanecía enojado hasta salirse con la suya. Aprendí cómo manipular a las personas haciéndolas sentirse culpables. Aprendí a comenzar a ser emocional a una edad muy temprana, y fueron necesarios muchos años para desaprender lo que había aprendido. Te aliento a que te controles a ti mismo y enseñes a tus hijos a edad temprana a hacer lo mismo. Si es demasiado tarde para eso, entonces comienza donde estés ahora, porque nunca es demasiado tarde para hacer lo correcto.

Creo que una de las razones por las que hay tantas personas controladas emocionalmente se debe sencillamente a que nadie les ha explicado completamente que sus sentimientos tan sólo son una parte de su ser, y no deberían tener permiso para ser su jefe. Tenemos que aprender cómo ser guiados por el Espíritu y no por el alma. Me conmuevo cuando recuerdo todos los años que viví sin saber que no tenía que seguir a mis sentimientos. Hice muchas cosas nada sabias durante aquellos años. Fueron años desperdiciados que no puedo recuperar, pero puedo ayudar a otros enseñándoles lo que yo he aprendido.

La Biblia dice en Salmo 1.1 que no debemos tener consejo con los malvados. Yo creo que aceptar consejos de nuestros sentimientos encaja en esa categoría y es un gran error. Los sentimientos sencillamente son variables; cambian frecuentemente, y no se puede confiar en ellos. Podemos oír hablar a un buen conferencista sobre los voluntarios que se necesitan en la iglesia y ser tan conmovidos que nos apuntemos para ayudar, pero eso no significa que tengamos ganas de presentarnos cuando nos llegue el turno de trabajar. Si nos apuntamos y después no aparecemos simplemente porque no tenemos ganas, nos convertimos en personas sin integridad y nuestros actos no honran a Dios. Ese es un gran problema en nuestra sociedad actualmente, y yo creo que tiene mucho más peso en la persona interior del que nos damos cuenta. Cuando no mantenemos nuestra palabra, sabemos que no es correcto. Y sin importar cuántas excusas pongamos, se queda en nuestra conciencia como si fuera un peso. Puede que tengamos una excusa para ello, pero es como barrer y esconder la suciedad debajo de la alfombra. Sigue estando ahí, y si lo hacemos con mucha frecuencia, la suciedad se vuelve imposible de ocultar.

Si deseamos caminar en el Espíritu, todos nuestros actos deben ser gobernados por principios. En el ámbito del Espíritu hay un estándar preciso del bien y el mal, y el modo en que nos sintamos no altera ese estándar. Si hacer lo correcto requiere un sí de nosotros, entonces debe ser sí ya sea que nos sintamos emocionados o desalentados. Si es no, entonces es no. Una vida con principios es enormemente diferente de una vida emocional. Cuando una persona emocional se siente emocionada o feliz, puede que emprenda lo que normalmente sabe que no es razonable ni sabio. Pero cuando se siente fría y sin emoción o melancólica, no cumplirá con su obligación porque sus sentimientos se niegan a cooperar. Todo aquel que desea ser verdaderamente espiritual debe conducirse a sí mismo diariamente según principios piadosos.

Siempre deberíamos calcular el costo para ver si tenemos lo necesario para terminar una cosa antes de comenzarla. Si comenzamos y descubrimos que no podemos terminar, entonces sin duda necesitamos comunicarnos abiertamente y sinceramente con todas las partes involucradas. Incluso si tienes que llamar a alguien y decir: "Me comprometí a eso sin realmente pensarlo adecuadamente, y ahora veo que no puedo terminarlo", eso es mucho mejor que tan sólo intentar ignorar un compromiso simplemente porque no tienes ganas de cumplirlo. Nuestras emociones nos ayudarán a comprometernos, pero cualquiera que termina siempre llega a un lugar en el que tiene que seguir adelante sin tener sentimientos para sostenerlo.

No permitas que tus emociones voten

Aprende a no preguntarte cómo te sientes con respecto a las cosas, sino, en cambio, pregúntate si hacer o no hacer algo es correcto para ti. Puede que sepas que necesitas hacer algo, pero no tienes ningunas ganas de hacerlo. Puedes desear tener ganas, pero como ya mencionamos, tan sólo desear no hace ningún bien. Debes vivir por principios y sencillamente escoger hacer lo que sabes que es correcto. Puede que haya algo que tienes muchas ganas de hacer. Podría ser una compra que quieres efectuar y sabes que es demasiado cara. Tus sentimientos votan sí, pero tu corazón dice no. Di a tus sentimientos que no tienen voto. Son demasiado inmaduros para votar, y nunca votarán por lo que es mejor para ti a la larga.

No permitimos a las personas votar en elecciones políticas hasta que tienen dieciocho años de edad, porque suponemos que serían demasiado inmaduras para saber lo que hacen. ¿Por qué no ver tus emociones de la misma manera? Siempre han sido una parte de ti, pero son muy inmaduras. No tienen sabiduría y no se puede confiar en que hagan lo correcto, así que sencillamente no les dejes votar. Nosotros maduramos pero nuestras emociones no lo hacen, y si se dejan sin control, nuestra vida será una serie de aventuras no terminadas y decepcionantes.

La gente me pregunta con frecuencia cómo me siento en cuanto a viajar tanto en mi ministerio. Sencillamente he aprendido a decir: "No me hago esa pregunta". Si me lo preguntase con frecuencia, descubriría que no me gusta mucho y podría verme tentada a dejar de hacer algo que creo que Dios quiere que yo haga. Alguien me preguntó hace unos meses si estaba emocionada por un próximo viaje a África, y yo dije: "Tengo algo mejor que emoción: tengo compromiso". No me sentía emocionada por ir porque he estado allí varias veces y sé cómo me sentiré cuando regrese a casa después de haber estado en un avión durante muchas horas. Pero lo que sí sé es que he sido llamada por Dios para ayudar a la gente, y a fin de hacer eso tengo que viajar. Por tanto, soy guiada no por la emoción o la falta de ella; ¡simplemente voy! Me siento realizada y satisfecha al saber que he obedecido a Dios y he ayudado a otras personas.

Cuando los viajes eran algo nuevo para mí, era muy emocionante, pero la mayoría de cosas que hacemos con frecuencia ya no nos parecen emocionantes. Sin embargo, la pérdida de la emoción no significa que ya no tengamos que hacer esas cosas.

¿Dónde está la emoción?

Me pregunto cuántos millones de personas piensan: *Simplemente no tengo los mismos sentimientos que tenía antes por mi esposo o esposa. Me gustaría seguir sintiéndome emocionado por nuestro matrimonio, y que los sentimientos románticos regresaran.* Tan sólo un recordatorio: desear no trae ningún bien; sólo la acción cambia las cosas. Si sientes que no estás obteniendo algo de tu matrimonio, quizá no estés poniendo lo suficiente de tu parte. Lo digo sólo porque eso fue lo que Dios me dijo en una ocasión cuando yo me quejé de lo que sentía que no estaba obteniendo de Dave. Lo que Dios dijo no era lo que yo quería escuchar, pero era verdad. Él dijo: *Joyce, si quieres más de tu matrimonio, aporta más a él.* Puede que no me gustase escuchar eso, pero sabía que Él tenía razón.

Normalmente ponemos sobre nuestro cónyuge la responsabilidad de hacernos felices en lugar de vivir para hacerles feliz a él o ella. En el proceso, ninguno termina siendo feliz. ¡Pero puedes cambiar eso! Si quieres que tu matrimonio o cualquier otra relación mejore, comienza tú mismo a hacer más de lo correcto.

No tengas expectativas irrealistas. Reconoce los sentimientos que tenías al principio de tu relación tal como eran. Eran sentimientos, ni más ni menos, ¡tan sólo sentimientos! Cuando yo me casé con Dave ni siquiera sabía lo que era el amor, y mis emociones eran tan disfuncionales que no podía confiar en que cualquier cosa que sentía me dijera algo. Me casé con Dave porque él me lo pidió y yo sabía que era un buen hombre. Sí me emocionaba porque era y es muy bien parecido; también era un culturista aficionado y tenía músculos por todas partes. Me gustaba cómo me sentía cuando él me besaba. Él tenía un auto y yo no tenía ninguno. Él tenía dinero y yo no tenía, así que había muchas cosas que me emocionaban. Ya llevamos casados cuarenta y cuatro años, y puedo decir sin ninguna duda que amo a Dave con todo mi corazón. No siempre me siento emocionada cuando él llega a casa, mi corazón no palpita cuando él me besa, pero le amo verdaderamente.

A pesar de lo que suceda, estoy comprometida con Dave. ¡Eso es amor! El amor no es sólo un sentimiento; es una decisión sobre cómo nos comportaremos y trataremos a las personas.

El amor puede producir sentimientos, y no estoy diciendo que los sentimientos no sean agradables, porque si son buenos ¡son muy agradables! Lo que *sí* digo es que no se puede confiar en los sentimientos, y ellos no siempre dicen la verdad.

Una mujer me dijo recientemente que amaba a otro hombre y ya no amaba a su esposo. Estoy intentando hacer que comprenda que aunque ella escogiera al otro hombre, sus sentimientos hacia él al final también cambiarían. Entonces ella se quedará sin ningún sentimiento bueno, y con muchos sentimientos negativos de culpabilidad, vergüenza y fracaso. Si el hombre hacia el cual ella tiene sentimientos está dispuesto a engañar a su esposa, entonces es probable que también la engañe a ella. Si me preguntas, te diré que su carácter no es demasiado admirable. Por otro lado, su esposo está dispuesto a perdonarla y quiere que el matrimonio funcione. Tan sólo eso me demuestra que él sí tiene carácter porque está dispuesto a dejar a un lado sus propios sentimientos heridos y su desengaño a fin de salvar su matrimonio.

La mujer en cuestión *siente* que nunca puede ser feliz sin el otro hombre, pero yo sé con seguridad, por la Palabra de Dios y las experiencias de la vida, que ella tampoco será nunca feliz con él. Una vez que la emoción de tener el fruto prohibido se desvanezca, comenzará la desgracia.

Tan sólo veamos a Adán y Eva en el huerto. Satanás hizo que la manzana pareciese algo sin lo que Eva no podía pasarse. Ella tenía que tenerlo, y estoy segura de que le emocionó pensar en lo que ella creía que le produciría. Satanás dijo que si ella comía, ¡sería semejante a Dios! Pero en el momento en que comió y dio del fruto a Adán y él comió, ambos perdieron algo que nunca recuperaron. Estaban avergonzados y se sentían culpables, y se ocultaron de Dios. Hacer lo incorrecto, a pesar de lo emocionados que nos haga sentir, no puede producir de ninguna manera un gozo duradero. Insto a todos mis lectores a que escojan en este momento aquello con lo que serán felices más adelante. Toma decisiones basadas no en la emoción o la falta de ella, sino en los principios de Dios.

La naturaleza de la carne es querer lo que piensa que no puede tener, pero cuando tiene lo que pensaba que quería, el deseo comienza de nuevo. La única palabra que la carne grita es *más*, y sin importar lo mucho que tenga, sigue sin estar satisfecha.

La mayoría de nosotros cometimos muchos errores antes de descubrir esto, así que espero que ya hayas experimentado bastante en la vida para ser capaz de decir: "Amén, Joyce. Sé que eso es correcto". Pero si no has tenido suficiente experiencia propia, entonces escúchame por favor y evita mucho dolor en la vida.

Definición y confesión: *Cuando tenga que tomar una decisión, no permitiré que mis emociones voten.*

CAPÍTULO
6

¿Tienes pulso?

Hemos estado hablando principalmente sobre personas que tienen muchos sentimientos y viven por ellos, ¿pero has conocido alguna vez a alguien y has pensado: *Pero tienes pulso?* Hay personas que no parecen sentir mucho con respecto a nada. En ciertos aspectos, la vida es más fácil para ellas, pero la fría emoción debe ser controlada igual que la emoción excesiva. Los dos principales problemas que veo en las personas cuyas emociones son mínimas son: (1) puede que no logren mucho en la vida a menos que aprendan a no permitir que su falta de fuertes sentimientos les controlen, y (2) puede ser monótono vivir con ellas. Al igual que la persona emocional debe aprender a vivir por principios en lugar de por emociones, la persona sin emoción debe hacer lo mismo. Sea que tengamos demasiada o muy poca emoción, no podemos vivir guiados por ella.

Algunas personas puede que sean emocionalmente frías porque han sido heridas en la vida y se han vuelto duras e insensibles. No quieren sentir porque aprendieron muy temprano que sentir es con frecuencia doloroso. Han desarrollado maneras de negar o desconectar sus sentimientos. Muchas de esas personas tienen conductas adictivas. Recientemente vi un programa de televisión acerca de una mujer que era acumuladora. No podía librarse absolutamente de nada; sus cosas le hacían sentirse segura. Esa adicción estaba destruyendo su familia y su vida, así que buscó consejo profesional. El objetivo de toda consejería es llegar a la raíz del problema que esté causando la conducta excesiva, y descubrieron cuál era la de ella. Durante los años de su niñez, su padre tenía un empleo que requería que su familia se mudara casi cada año. Cada vez que se mudaban, ella perdía a sus amigos y tenía que dejar atrás la mayoría de sus posesiones a las que estaba unida. Ella recordaba una experiencia particularmente dolorosa: ver a su padre quemar algunos de los juguetes y posesiones que a ella le gustaban. Su padre debería haber sido más sensible a la reacción de ella en cuanto a cómo manejaba las mudanzas, pero no lo fue. Podría haber dejado que se quedara con algunas de las cosas que eran más importantes para ella, pero tristemente, muchos adultos piensan sólo en ellos mismos cuando toman decisiones que afectan a toda la familia, y dejan una estela de personas heridas detrás de ellos.

Siendo adulta, ella relacionaba librarse de cualquier cosa con el dolor y con recuerdos desagradables, y por eso sencillamente se aferraba a todo. Toda su casa se parecía a un basurero gigante. Ella era adicta a las cosas y utilizaba esa adicción para controlar sentimientos de dolor relacionados con la pérdida. A medida que comenzó a limpiar su casa con sus familiares y consejeros y a librarse de muchas de sus posesiones, sintió mucho dolor emocional; pero también disfrutó del sentimiento de libertad que estaba experimentando. Entendió que su sanidad no llegaría de la noche a la mañana o de manera fácil, pero ella estaba decidida a sobreponerse a su adicción. Estoy contenta por esa mujer, porque me encanta ver a las personas confrontar sus problemas, derribar muros de atadura y aprender a disfrutar de la libertad. Te sugiero que en este momento te detengas y te preguntes si has levantado algún muro que tenga que ser derribado en tu propia vida.

Muchas personas que parecen frías y sin emociones sencillamente han desarrollado maneras de apaciguar su dolor. Puede que se hayan convertido en expertos en el aislamiento. Se sienten seguros sólo cuando no están relacionados con nadie. Después de todo, no pueden meterse en problemas y afrontar el rechazo si no dicen nada ni hacen nada. En mi caso, yo había recibido tanto daño en mi niñez que me convertí en una controladora a fin de evitar que las personas me hicieran daño. Creía que si yo tenía el control estaría a salvo. Una maravillosa maestra de la Biblia y escritora llamada Lisa Bevere escribió un libro titulado *Out of Control and Loving It* [Fuera de control y contenta]. Me gusta ese título, y supe de inmediato cuando lo vi lo que Lisa intentaba comunicar. Cuando sentimos que debemos controlarlo todo y a todos, normalmente estamos estresados al máximo en todo momento. Después de todo, dirigir el mundo entero es trabajo duro. Pero si aprendemos a controlarnos a nosotros mismos en lugar de intentar controlar a otras personas, amaremos y disfrutaremos la vida con más facilidad.

Las personas que no muestran mucha emoción necesitan sanidad al igual que la necesitan las personas excesivamente emocionales. Siempre que descubramos que estamos desequilibrados en cualquier área de la vida, necesitamos confrontarlo y trabajar con el Espíritu Santo para llevarla al equilibrio. Si uno es demasiado emocional, necesita serlo menos; y si uno no tiene emoción, necesita avivarse un poco. Si una persona habla demasiado, necesita aprender a estar callada. Pero si alguien es demasiado callado, necesita aprender a establecer conversación por causa de las relaciones y una vida social bien equilibrada.

> *He aprendido en la vida que si dejo fuera a los demás, también me encierro a mí misma, y pierdo mi libertad.*

Las personas que han sido heridas con frecuencia levantan muros detrás de los que se ocultan para protegerse. Pero he aprendido en la vida que si dejo fuera a los demás, también me encierro a mí misma, y pierdo mi libertad. Yo soy una firme creyente en derribar muros que no son sanos y permitir que Dios se convierta en nuestro muro de protección.

Ya no se sabrá de violencia en tu tierra, ni de ruina y destrucción en tus fronteras, sino que llamarás a tus muros "Salvación", y a tus puertas, "Alabanza". (*Isaías 60.18*)

Esta hermosa escritura nos da una maravillosa promesa. La salvación por medio de Jesús se convierte en nuestro muro de protección. Ya no tenemos que vivir vidas llenas de violencia, devastación y destrucción.

Otro versículo nos dice que si no tenemos dominio propio, somos como una ciudad derribada y sin muros (ver Proverbios 25.28). Por tanto, a pesar de cuántos muros pensemos que estamos levantando para protegernos, si no mantenemos unas emociones equilibradas, todos nuestros muros son meras ilusiones y no muros que nos protegen.

> *Los muros que levantamos a nuestro alrededor para dejar fuera la tristeza también dejan fuera el gozo.*
> Jim Rohn

Los muros que levantamos a nuestro alrededor para dejar fuera la tristeza también dejan fuera el gozo.
Jim Rohn

Así soy yo

Algunas personas son tranquilas, tímidas y más retraídas sencillamente debido a su personalidad. Yo soy habladora y mi esposo no lo es, y no hay nada de malo en ninguno de los dos. Pero cuando cualquier cosa se vuelve excesiva hasta el punto de obstaculizar nuestra libertad o hacer daño a otras personas, no podemos decir: "Así soy yo". Dave necesita hablarme más de lo que él preferiría a veces, porque eso es lo que yo necesito, y el amor requiere que hagamos sacrificios por causa de otras personas. También hay veces en que a mí me gustaría seguir una conversación, pero me doy cuenta de que Dave no lo está disfrutando tanto, así que decido callarme o encontrar a otra persona con quien hablar.

Debemos trabajar con Dios para encontrar el equilibrio entre ser quienes somos y no excusar la conducta ruda o desagradable diciendo: "Así soy yo". Dios está en la tarea de cambiarnos a su imagen, y eso significa que Él nos ayuda a controlar nuestras debilidades y utiliza nuestras fortalezas.

Dave y yo tenemos personalidades muy diferentes y, sin embargo, nos llevamos fabulosamente bien. No siempre fue así, pero hemos aprendido a ser lo que el otro necesita y a la vez no llegar hasta el extremo de perder nuestra propia libertad. Yo intento satisfacer las necesidades de Dave y él hace lo mismo por mí. A Dave le gustan cosas que yo no disfruto, pero aún así yo le aliento a hacerlas para que pueda sentirse satisfecho, y él me trata de la misma manera. Cuando un amigo o cónyuge necesita que te adaptes en alguna área para mejorar la relación, es necio y egoísta decir: "Lo siento, pero así soy yo". Puede que nos sintamos más cómodos y nos resulte más fácil hacer lo que queremos hacer, pero podemos realizar ajustes sin perder nuestra individualidad.

El apóstol Pablo dijo que aprendió a hacer todas las cosas para todas las personas en un esfuerzo por ganarlas para Cristo (ver 1 Corintios 9.19-22). En otras palabras, él se adaptaba a lo que le rodeaba en lugar de esperar que todo y todos se adaptasen a él. Estoy segura de que su decisión le permitió disfrutar de mucha paz y le dio muchos más amigos. Podemos hacernos muy desgraciados a nosotros mismos y tener vidas llenas de estrés por no estar nunca dispuestos a cambiar o adaptarnos. Todos somos diferentes, pero podemos llevarnos bien en paz.

Como mencioné anteriormente, la personalidad de mi esposo es principalmente flemática, y la mía es colérica. Esas personalidades son contrarias, pero nos complementamos el uno al otro cuando caminamos en amor. Yo tomo decisiones muy rápidamente y Dave tiende a querer pensar las cosas mucho tiempo. Yo fluyo más por instinto, pero él utiliza más lógica y razón. Lo cierto es que necesitamos ambas cosas a fin de tomar decisiones consistentemente buenas, así que Dios nos da a cada uno una parte de lo que es necesario y quiere que aprendamos a confiar el uno en el otro y trabajar juntos. Yo he mejorado en cuanto a esperar a lo largo de los años, pero nunca seré tan naturalmente buena en eso como lo es Dave. Las personas coléricas hacen todo con rapidez, y las personas flemáticas hacen las cosas con más lentitud y deliberadamente. Yo puedo limpiar la cocina más rápidamente que Dave, pero él lo hará mejor porque es más preciso en lo que hace.

Tenemos veinte personas en nuestra familia inmediata. Eso nos incluye a Dave y a mí, nuestros cuatro hijos y sus cónyuges, y diez nietos. Estamos unidos y pasamos mucho tiempo juntos; sin embargo, tenemos una amplia variedad de personalidades entre los veinte. Mis dos hijos y yo somos totalmente coléricos, y los tres estamos casados con maravillosas personas flemáticas. Una de nuestras hijas es flemática, y también lo son dos yernos y un nieto. Desde luego, otros familiares poseen diferentes mezclas de personalidad. Una de nuestras hijas es melancólica, sanguínea y colérica. Lo que quiero decir es que tenemos una amplia variedad de personas que ven las cosas de manera diferente y necesitan cosas diferentes para sentirse realizadas.

Mi hija que es melancólica requiere elogios de su esposo flemático, quien frecuentemente olvida dárselos. Él piensa que ella es hermosa, pero puede que ni siquiera piense en hacer el esfuerzo de decirlo. Los dos han hablado de esto varias veces, y él finalmente comenzó a escribir notas en su calendario como recordatorios. La persona más retraída y con menos emoción necesita encontrar maneras de recordarse hacer lo que necesita hacer. Han habido muchas ocasiones en mi vida en que he tenido que escribir notas en mi diario para recordarme no hablar demasiado u ocuparme de mis propios asuntos, o no parecer tan controladora. Si las personas más agresivas y expresivas tienen que moderarse un poco, creo que también es justo que las personas menos emocionales, tranquilas y no agresivas encuentren maneras de avivarse un poco. Yo puedo mirar a una persona no agresiva y pensar: *¿Tienes pulso?*, y desde luego que lo tiene; sencillamente late un poco más despacio que el mío.

Muchos matrimonios fracasan porque las personas no hacen el esfuerzo de darle a su cónyuge lo que necesita. Tendemos a pensar que si nosotros no necesitamos nada, entonces nadie lo necesita. O si una persona sí tiene una necesidad que es diferente a la nuestra, tendemos a pasar por alto esa necesidad. Ese tipo de actitud es una de las maneras más rápidas de arruinar una relación. Gracias a Dios porque en nuestra familia hemos aprendido y seguimos aprendiendo que las necesidades de todos son válidas, incluso si una necesidad es difícil de entender o nos resulta difícil satisfacerla.

El amor demanda que todos estemos dispuestos a crecer y cambiar. Ese proceso es un poco más difícil para las personas que son más retraídas y tranquilos. El cambio requiere trabajo, y a veces ellas no quieren hacer el esfuerzo o ni siquiera ven la necesidad. Para ser sincera, yo llegué a un punto en la vida en el que me cansé mucho de pensar que necesitaba ser menos agresiva, mientras que todas las personas que me parecía que no tenían pulso alguno recibían aplausos por no hacer ninguna ola. Si tu personalidad es flemática, puede que quieras hacer un mayor esfuerzo por participar en lo que sucede a tu alrededor y ser entusiasta al respecto. Si eres una persona muy, muy callada, podrías querer hacer el esfuerzo de hablar un poco más, aunque no sea lo que te resulta más cómodo. ¡El que tú hables más no es más difícil que el que yo hable menos! Intenta emocionarte junto con las personas que te importan y que son entusiastas con respecto a su último plan o proyecto. Esa es una de las maneras en que puedes mostrar amor.

Recuerdo llegar a casa con emoción por mi último objetivo o plan y sentir como si Dave echara un jarro de agua helada sobre todo mi entusiasmo. Su respuesta era más lógica, pero no era bueno para nuestra relación. Puede que él hubiera necesitado equilibrarme un poco, pero yo necesitaba que se uniese a mi sueño. Él ha aprendido a hacerlo, y yo he aprendido a no tener un nuevo sueño u objetivo cuatro veces al día. Un día él me dijo: "Tú eres la visionaria y yo soy el pro-visionario", así que ambos vemos las cosas desde dos ángulos diferentes. Yo a veces pienso sólo en mi entusiasmo por completar el objetivo, pero Dave tiene que pensar sobre cómo vamos a lograrlo. Dios dijo que cuando un hombre y una mujer se casan, los dos se convierten en una sola carne, pero nunca dijo que sería fácil. Las buenas relaciones requieren mucho trabajo duro, educación y disposición a satisfacer las necesidades del otro.

Sencillamente no me importa

Lo cierto es que a las personas más agresivas les importan muchas cosas que a las personas menos agresivas no les importan en absoluto. Nosotros comemos fuera a menudo, y frecuentemente por respeto le pregunto a alguno de mis familiares dónde o qué le gustaría comer. Y ellos normalmente dicen: "No importa; no me importa lo que coma". Eso me sorprende, porque a mí siempre me importa dónde y lo que como, y no puedo imaginar que a una persona no le importe lo que come. Yo sé exactamente cuánta leche quiero en mi café y a qué temperatura debería estar. Yo nunca diría: "Quiero un café con leche, por favor". Diría: "Quiero un café con leche aparte para ponerla yo misma".

Me encanta ir a Starbucks porque tienen un estupendo servicio al cliente. Ellos preparan el café a tu medida para que esté precisamente como tú quieres, y si lo hacen equivocadamente, normalmente están contentos de prepararte otro. Mi pedido ha cambiado a lo largo de los años, y es algo parecido a lo siguiente: "Un café grande, ¿y podrías darme uno recién hecho? Me gustaría ponerlo en este termo que he traído, y necesito agua caliente aparte y leche en otro vaso. Me gustaría que el café estuviera muy caliente". Mientras espero mi pedido, oigo a muchas personas pedir: "Un café, por favor". No puedo imaginar que sea así de simple. Muchas personas hacen el pedido en la ventana para llevar, pero eso es algo que yo nunca haría porque quiero ver cómo preparan mi pedido para asegurarme de obtener exactamente lo que quiero. ¡No puedo imaginar que eso no importe!

Me encanta la estabilidad y adaptabilidad de nuestros familiares menos agresivos, y los necesito desesperadamente. Si los veinte de nosotros fueran como mis dos hijos y yo, podríamos matarnos los unos a los otros. Lo que estoy intentando decir es que todos nos necesitamos los unos a los otros y deberíamos agradecer las relaciones que Dios nos da.

Conozco a personas que pueden ponerse la misma ropa dos veces por semana cada semana durante diez años y no les importa, pero yo no me pondré el mismo pijama dos noches seguidas. Necesito mucha variedad, pero a nuestros queridos flemáticos no les importa. Mi hija flemática duerme con una vieja camiseta, pero yo quiero verme bien cuando me voy a la cama. A ella no le importa cómo se ve para irse a la cama, ¡pero a mí me importa cómo me veo en todas partes!

Si podemos aprender qué batallas pelear y cuáles dejar a un lado, podríamos ganar la guerra. Por ejemplo, aunque Dios me ha cambiado mucho, probablemente siempre seré un poco mandona. Dave lo sabe, así que él no lucha en la batalla de intentar cambiarme; conoce mi corazón y me permite ser quien soy. En los restaurantes, a veces (en realidad bastante a menudo) yo sugiero lo que él podría querer comer. Me gusta tanto tomar decisiones que disfruto mucho de tomarlas por todo el mundo. Él me escucha, y si mi sugerencia le gusta es lo que pide, y si no le gusta entonces pide lo que él quiere. Él podría molestarse y decirme que dejara de intentar decirle lo que tiene que comer, y entonces mis sentimientos resultarían heridos, y podríamos desperdiciar un día entero estando enojados el uno con el otro, pero hemos aprendido que ese tipo de conducta no lleva a ninguna parte. Hemos llegado al punto en el que nuestras diferencias nos divierten en lugar de molestarnos.

En lugar de resentir el hecho de que la gente no sea como nosotros e intentar cambiarles, deberíamos esforzarnos por llevarnos bien y confiar en que Dios cambie lo que necesite ser cambiado en cada uno de nosotros.

Incluso cuando creas que alguien no tiene pulso, puedo asegurarte que lo tiene. Lo único es que palpita un poco más lento que en otras personas. Amar a las personas incondicionalmente es el mayor regalo que podemos darles a ellos y a nosotros mismos. He aprendido que uno de los secretos para mi propia paz personal es permitir que las personas sean quienes Dios les hizo ser, en lugar de intentar hacer que sean quienes a mí me gustaría que fuesen. Yo hago todo lo posible por disfrutar de sus fortalezas y ser misericordiosa con sus debilidades, porque yo también tengo las mías. No necesito intentar quitar la mota de su ojo mientras yo tengo una viga telefónica en el mío.

Una mujer a la que conozco se quedó viuda hace poco, y me estaba hablando sobre su relación con su esposo. Esta mujer tiene una personalidad bastante fuerte y le gusta que las cosas se hagan a su manera. Me dijo que cuando se casó, observó muchas cosas en su esposo que le molestaban. Como cualquier buena esposa, le habló a su esposo sobre sus rasgos y hábitos molestos para que los cambiase.

Gradualmente fue entendiendo que aunque ella era muy buena a la hora de decirle a su esposo todas las cosas acerca de él que había que cambiar, ¡él nunca le regresaba el favor! Al preguntarse el porqué, entendió que en algún punto su esposo había tomado la decisión de no mirar o buscar los errores de ella. ¡Él sabía que ella tenía muchos! Pero no iba a enfocarse en ellos. A ella se le ocurrió que podía seguir señalando todos los rasgos molestos de él, o podía escoger no hacerlo. Al igual que su esposo había hecho.

Al final de nuestra conversación, ella me dijo que en los doce años que estuvieron casados, su esposo nunca le dijo una palabra desagradable. Yo creo que podemos aprender una lección de eso.

Deposita tu ansiedad

Depositen en él toda ansiedad, porque él cuida de ustedes. (*1 Pedro 5.7*)

Obedecer esta escritura es un poco más difícil para aquellos de nosotros que nos preocupamos por la mayoría de cosas, y mucho más fácil para las personas benditas y menos emocionales. Debido a que me importan la mayoría de cosas en mi vida y quiero que se hagan de cierta manera, mi interés puede convertirse fácilmente en preocupación si no tengo cuidado. Dios ha obrado en mí y conmigo por años, y puedo decir sinceramente que rara vez me preocupo ahora, pero necesité mucho tiempo para aprender a no intentar hacer algo con respecto a cosas por las que no podía hacer nada.

Por ejemplo, realmente no puedo hacer nada con respecto a lo que la gente piensa de mí, así que estar demasiado preocupada al respecto es una absoluta pérdida de tiempo y energía. A mi esposo no le importa nada lo que la gente piense de él. Cuando le he preguntado cómo se siente con respecto a algunas cosas negativas que alguien ha dicho sobre nosotros, él me dice que no siente nada, pero en cambio confía en que Dios se ocupe de ello. Yo me he molestado mucho a veces cuando se han escrito algunos artículos muy desagradables sobre mí en los periódicos o hemos sido juzgados injustamente, pero Dave sólo dice: "Deposita tu ansiedad".

Hemos tenido muchas discusiones en el pasado por esa frase. Yo quiero que él comparta mis sentimientos, pero él realmente no puede porque sencillamente no le molestan las cosas que me molestan a mí. Sé que él tiene razón cuando me dice que deposite mi ansiedad, pero cuando ya estoy en medio de la preocupación, esa no es la respuesta que quiero. Afortunadamente, Dios me ha ayudado y sigue haciéndolo, y Dave ha sido un buen ejemplo para mí. Pero tengo que trabajar en que no me importe más que a él.

Si eres una persona emocional, estoy segura de que las personas menos emocionales que hay en tu vida te han frustrado a veces. Nada parece preocuparles y hay muchas cosas que te preocupan a ti. ¡Lo entiendo! Yo he estado ahí y sé cómo te sientes, pero también he vivido lo bastante para entender que vivir por sentimientos es un gran error. Es cierto que la mejor manera de vivir es aprender a depositar tu ansiedad y permitir que Dios cuide de ti.

Decisión y confesión: *Con la ayuda de Dios puedo llevarme bien con todo tipo de personas y adaptarme a ellas.*

7

Reacciones emocionales

Y sin temor alguno a sus adversarios, lo cual es para ellos señal de destrucción. Para ustedes, en cambio, es señal de salvación, y esto proviene de Dios. *(Filipenses 1.28)*

Aprender a actuar según la Palabra de Dios es mucho mejor que reaccionar emocionalmente a las circunstancias. Sin duda, no es siempre fácil, pero es posible; si así no fuese, Dios no nos habría dicho que lo hiciéramos. En este capítulo quiero examinar cuatro áreas diferentes. Te aliento a que te preguntes sinceramente cómo respondes a ellas emocionalmente. La escritura anterior es una de las favoritas de Dave, y la cita con frecuencia. Si podemos permanecer constantes durante las cambiantes mareas de la vida y las circunstancias no deseadas que la vida trae, agradaremos a Dios y descubriremos que Él siempre nos libra.

Cambio y transición

Todo cambia a excepción de Dios, y permitir que todos los cambios en nuestra vida nos molesten no evitará que ocurran. Las personas cambian, las circunstancias cambian, nuestro cuerpo cambia, nuestros deseos y pasiones cambian. Una certeza en la vida es el cambio. No nos importa el cambio si nosotros lo invitamos, pero cuando llega sin haber sido invitado, nuestras emociones pueden estallar fácilmente.

John trabajó para una empresa de inversiones por treinta y dos años, y estaba seguro de que se jubilaría en esa empresa. Sin aviso previo, la empresa decidió venderse a otra empresa mayor, cuya gerencia decidió que no querían mantener a muchos de los empleados, y John perdió su trabajo. Él siente que no fue tratado justamente cuando le despidieron. ¿Y ahora qué? John tiene que tomar una decisión. Puede reaccionar emocionalmente molestándose, estando estresado, ansioso, enojado y preocupado, sintiendo y diciendo muchas cosas negativas. O puede actuar según la Palabra de Dios y confiar en que Dios sea quien le reivindique y sea su fuente de provisión para cada necesidad. Es totalmente comprensible que John tenga esas emociones, pero si él escoge reaccionar basándose en sus sentimientos, entonces se sentirá desgraciado y posiblemente hará también desgraciadas a las otras personas que haya en su vida. Sin embargo, si él escoge tomar decisiones basándose en la Palabra de Dios, puede realizar la transición con muchos menos problemas. ¿Se disiparía su enojo enseguida? Probablemente no. Pero si John verdaderamente deposita su ansiedad en Dios, sus sentimientos se calmarán y él podrá estar confiado en que Dios seguirá obrando en su vida, produciendo justicia por la injusticia que le han hecho.

La mayoría de los cambios tienen lugar sin nuestro permiso. Pero *podemos* escoger adaptarnos. Si nos negamos a hacer la transición en nuestra mente y actitud, entonces estaremos cometiendo un grave error. Nuestra negativa a adaptarnos no cambia las circunstancias, pero sí nos roba la paz y el gozo. Recuerda: si no puedes hacer nada al respecto, entonces deposita tu ansiedad y permite que Dios se ocupe de ti.

Durante algún tiempo, Dave se ha reunido con algunos de sus amigos un par de veces al año para jugar al golf por tres días. Ha sido algo que a él realmente le gusta, pero durante los dos últimos años ha pensado que es necesario hacer algunos cambios. Hubo una época en que él y sus amigos jugaban cincuenta y cuatro hoyos de golf durante dos días y después treinta y seis hoyos el último día, pero aquellos tiempos han pasado. Se ha vuelto más difícil para él físicamente hacer eso. Él está en una estupenda forma física, pero a pesar de eso tiene setenta años de edad, y sencillamente no tiene el mismo nivel de aguante que tenía en el pasado.

Mientras yo escribía este libro, Dave y sus amigos fueron a Florida para uno de sus viajes. Cuando Dave regresó a casa me dijo: "Esta ha sido la última vez que lo hago". Me dijo que supuso mucho ajetreo y esfuerzo llegar hasta allí, y que el segundo día tenía la espalda tensa y tuvo que desplazarse en el carrito y no jugar parte del tiempo. Además de eso, llevaba una rodillera porque una de sus rodillas le molestaba. Dijo que preferiría haber estado en casa. Su cuerpo está cambiando, así que él hizo la transición mentalmente. Me dijo: "Aún puedo jugar, pero ahora lo haré de manera diferente. Los muchachos pueden venir a St. Louis para que yo no tenga que viajar, porque ellos son más jóvenes que yo. Podemos jugar treinta y seis hoyos en lugar de cincuenta y cuatro los dos primeros días, y dieciocho hoyos el último día". Eso me sigue sonando bastante intenso, pero para él fue un gran cambio. Su cuerpo está cambiando, y él está cambiando igualmente y manteniendo una buena actitud al respecto.

Dave podría haber pasado por un episodio de ego masculino y haberse negado a admitir que ya no era capaz de seguir haciendo los viajes al golf del mismo modo que los ha hecho en el pasado. Podría haberse molestado y decidido que no le gustaba estar haciéndose mayor y todo lo que eso conlleva. Pero en cambio, actuó según la Palabra de Dios e hizo la transición de manera buena. Entiende que llegará un día en que puede que necesite hacer más cambios, y ya se ha mentalizado de que cuando ese momento llegue, los hará con una buena actitud.

Ya que a Dave le gusta mucho el golf, le pregunté cómo manejaría si, por alguna razón, no pudiera volver a jugar, y su respuesta fue increíble. Él dijo: "Probablemente estaría decepcionado, pero recordaría todos los años en que sí pude jugar y estaría agradecido por eso. Me adaptaría y encontraría otra cosa que hacer".

Aprende a adaptarte

Vivan en armonía los unos con los otros. No sean arrogantes, sino háganse solidarios con los humildes. No se crean los únicos que saben. (*Romanos 12.16*)

En el capítulo anterior hablamos sobre adaptarnos a las distintas personalidades que nos encontramos en la vida. Ahora estamos hablando de adaptarnos a las circunstancias cambiantes sobre las que no podemos hacer nada. El modo en que respondamos emocionalmente determina cuánta paz y gozo tendremos. Nuestros pensamientos son lo primero que tenemos que tratar durante el cambio, porque los pensamientos afectan directamente a las emociones. Cuando las circunstancias cambien, haz la transición mentalmente, y tus emociones serán mucho más fáciles de manejar. Si algo cambia sin que estés preparado para ello y sin que tú lo escogieses, tendrás mucha probabilidad de tener diversas emociones al respecto, pero al actuar según la Palabra de Dios y no reaccionar meramente a la situación, serás capaz de manejar tus emociones en lugar de permitir que ellas te manejen a ti.

Si has leído algún otro de mis libros o me has visto en televisión, ya sabrás que recomiendo encarecidamente confesar la Palabra de Dios en voz alta. Aunque lo que confiesas puede que sea lo contrario a cómo te sientes, sigue haciéndolo. La Palabra de Dios tiene poder inherente para cambiar tus sentimientos. La Palabra de Dios también nos da consuelo y aquieta nuestras emociones alteradas. Si no has leído mi anterior libro *Pensamientos de Poder*, te recomiendo que lo hagas, pues ofrece un profundo entendimiento del poder de tus pensamientos y palabras sobre las circunstancias y las emociones.

¿Cómo respondes al cambio? ¿Actúas según la Palabra de Dios o meramente reaccionas a la situación? Después de la conmoción inicial, ¿estás dispuesto a hacer una transición mentalmente y emocionalmente?

¿Decepcionado? Sé reubicado

La decepción ocurre cuando nuestros planes se ven frustrados por algo sobre lo cual no tenemos control alguno. Podemos ser decepcionados por circunstancias desagradables o por personas que nos defraudan. Podemos sentirnos decepcionados con Dios cuando hemos estado esperando que Él hiciera algo y no lo hizo. Hay incluso veces en que nos decepcionamos con nosotros mismos. Absolutamente nadie obtiene todo lo que quiere siempre, así que necesitamos aprender cómo tratar adecuadamente la decepción.

Cuando somos decepcionados, nuestras emociones inicialmente se hunden, y a veces estallan de enojo. Cuando pasa algún tiempo y hemos expresado detalladamente nuestro enojo, puede que sintamos que las emociones vuelven a hundirse. Nos sentimos abatidos, negativos, desalentados y deprimidos. La próxima vez que te defraudes, presta atención a la actividad de tus emociones, pero en lugar de permitirles que tomen la delantera, toma la decisión de manejarlas. No hay nada inusual o equivocado en los sentimientos iniciales de decepción, pero lo que hacemos desde ese punto en adelante es lo que marca toda la diferencia del mundo.

Yo aprendí hace tiempo que con Dios de nuestro lado, aunque experimentemos decepciones en la vida, siempre podemos ser "reubicados". Si tú o yo tenemos una cita con el doctor y él tiene una emergencia y tiene que cancelarla, sencillamente concertamos otra cita. La vida también puede ser así. Confiar en que Dios tiene un buen plan para nosotros, y que nuestros pasos son ordenados por Él, es la clave para evitar que las decepciones se conviertan en desesperación.

> El corazón del hombre traza su rumbo, pero sus pasos los dirige el Señor. (*Proverbios 16.9*)

> Los pasos del hombre los dirige el Señor. ¿Cómo puede el hombre entender su propio camino? (*Proverbios 20.24*)

Estas dos escrituras han estabilizado mis emociones muchas veces cuando tenía prisa por llegar a algún lugar y me encontraba detenida en el tráfico en la autopista. Inicialmente mis sentimientos se hunden, después se agudizan, y digo: "Bien, ya que mis pasos son ordenados por el Señor, me calmaré y daré gracias a Dios por estar aquí donde Él me quiere". También me recuerdo a mí misma que Dios puede que me esté guardando de un accidente más adelante en la carretera manteniéndome donde estoy. Confiar en Dios es absolutamente maravilloso cuando las cosas no van del modo en que habíamos planeado.

¿Cómo reaccionas cuando eres decepcionado? ¿Cuánto tiempo necesitas para hacer una transición y ser reubicado? ¿Actúas sobre la Palabra de Dios o meramente reaccionas emocionalmente a la circunstancia? ¿Eres controlado por lo que te rodea o por Jesús, que vive dentro de ti?

Si no nos hacemos esas preguntas y las respondemos con sinceridad, pasaremos toda nuestra vida sin conocernos verdaderamente nunca. Recuerda: sólo la verdad te hará libre (ver Juan 8.32).

Confiar en Dios por completo y creer que su plan para ti es infinitamente mejor que el tuyo propio evitará que te defraudes con Dios. Es imposible estar ofendido con alguien que realmente crees que tiene en mente tu mejor interés. Cuando estás enojado, quieres emprenderla con alguien, pero no es sabio convertir a Dios en tu diana. Él es el único que puede ayudarte y consolarte verdaderamente; por tanto, es mucho mejor acudir a Él en tu dolor que alejarte de Él.

Me fallé a mí mismo

Esperamos ciertas cosas y conductas de nosotros mismos, y cuando no estamos a la altura de esos estándares, es fácil enojarnos con nosotros mismos. Para algunas personas, ese enojo está profundamente asentado y es duradero. Es bueno tener elevadas expectativas de uno mismo, pero no si son irrealistas. Los perfeccionistas especialmente tienen problemas en esta área. Quieren ser perfectos, y nunca lo serán. Podemos ser perfectos de corazón, pero no llegaremos a la perfección en nuestro desempeño mientras estemos en cuerpos de carne y sangre. Afortunadamente, podemos crecer espiritualmente y aprender a comportarnos mejor, pero quiero alentarte a aprender a celebrar incluso tus pequeñas victorias en lugar de estar enojado contigo mismo. Es natural sentirnos decepcionados con nosotros mismos cuando fallamos, pero una vez más no tenemos que permitir que la decepción se convierta en un problema más profundo. Sé reubicado recordándote a ti mismo que Dios te ama incondicionalmente y te está cambiando poco a poco. Mira tu progreso en lugar de mirar lo mucho que aún te queda.

Todos nos decepcionamos a nosotros mismos a veces. Hace unos años yo me comporté muy mal en una relación, y hasta el día de hoy sigo lamentando el modo en que actué. Yo trabajaba con alguien y nuestras personalidades no se complementaban en absoluto. Después de intentar por varios años hacer que funcionase, finalmente entendí que yo tenía que hacer un cambio por causa de ambas partes. Seguí posponiéndolo porque no quería hacer daño a la otra persona. Cuanto más esperaba, más me irritaban sus debilidades, y estoy segura de que las mías le irritaban a ella. Debido a que me sentía atrapada, estaba enojada, y reaccioné a mi modo de sentir en lugar de emprender la acción adecuada y hacer lo que yo sabía que realmente tenía que hacer.

Yo creía que mi razón para posponerlo era noble: no quería hacerle daño a ella. Pero por muy noble que fuese mi motivo, seguía desobedeciendo la dirección del Espíritu Santo, y eso siempre termina mal. Cuando la relación terminó, no fue bonito, y sé que ambas lo lamentamos. Yo hice todo lo posible para enmendar las cosas, pero fue una de esas situaciones que sencillamente no pueden arreglarse, y me sentí realmente mal al respecto.

Me tomó algún tiempo, pero finalmente recibí el perdón de Dios e hice todo el esfuerzo posible para aprender de mi error. Déjame asegurarte que permanecer enojado contigo mismo porque has fallado no hará ningún bien. ¿Estás decepcionado contigo mismo? Si lo estás, entonces ahora mismo es el momento de soltarlo y ser reubicado. Es momento de dejar de vivir por lo que sientes.

Aprender a esperar bien

Y la constancia debe llevar a feliz término la obra, para que sean perfectos e íntegros, sin que les falte nada. (*Santiago 1.4*)

Si no has desarrollado paciencia, entonces tener que esperar puede sacar lo peor de ti. Al menos ese fue el caso conmigo hasta que finalmente entendí que mis reacciones emocionales no estaban haciendo que las cosas fuesen más deprisa. El diccionario *Vines Greek* afirma que la paciencia es un fruto del espíritu que crece sólo cuando está sujeto a pruebas. A todos nos gustaría ser pacientes, pero no queremos desarrollar paciencia porque eso significa comportarnos bien mientras no estamos obteniendo lo que queremos. ¡Y eso es *difícil*!

Algunas personas son por naturaleza más pacientes que otras debido a su temperamento, pero he descubierto que incluso las personas muy pacientes tienen al menos algunas cosas que les irritan más que otras. Como habrás imaginado, Dave es muy paciente. Esperar no le molesta tanto. Él estaría bien en un atasco de tráfico en la autopista, a menos, desde luego, que eso le causara llegar tarde a su partido de golf. Él es un poco impaciente con los conductores en la carretera que hacen cosas que él está seguro que nunca haría. Pero como su personalidad es abierta y adaptable, esperar no es tan difícil para él. Sin embargo, fue muy difícil para mí por muchos años. Finalmente entendí que Dios regularmente permitía que yo estuviera en situaciones en las que no tenía otra opción sino esperar, y Él lo hacía para que yo pudiera desarrollar paciencia.

La paciencia es muy importante para las personas que quieren glorificar a Dios y disfrutar de su vida. Si uno es impaciente, las situaciones que encuentre en la vida sin duda le harán reaccionar emocionalmente. La próxima vez que tengas que esperar algo o a alguien, en lugar de sólo reaccionar intenta hablar contigo mismo un poco. Podrías pensar: *Molestarme no hará que las cosas vayan más rápido, así que bien podría disfrutar de la espera.* Entonces quizá digas en voz alta: "Estoy desarrollando paciencia mientras espero, de modo que estoy agradecido por esta situación". Al hacer eso, estarás actuando según la Palabra de Dios en lugar de estar reaccionando a la circunstancia desagradable.

Cada vez que ejercitamos la paciencia la fortalecemos, al igual que desarrollamos nuestros músculos cada vez que los ejercitamos. Yo tengo dolores musculares cuando hago ejercicio, y me duele, pero sé que me está ayudando. Podemos ver del mismo modo ejercitar la paciencia. No pienses sólo en lo difícil y frustrante que es, sino piensa en la paz que tendrás cuando esperar ya no te moleste.

¿Esperas bien? ¿Cómo actúas cuando estás trabajando con alguien que es realmente lento en lo que intenta hacer? ¿Cómo te afecta quedar atascado en el tráfico? ¿Y si alguien ocupa el espacio en el estacionamiento que tú estabas esperando? Cuanto más intensamente queramos algo, más actuarán nuestras emociones si no lo conseguimos. A veces, lo que queremos es simplemente más importante para nosotros de lo que debería ser, y tenemos que entender eso y no comportarnos de manera infantil. El sentido común nos dice que es bastante necio tener un arrebato de ira por un espacio en el estacionamiento o por otras cosas sencillas que tienden a molestar a las personas. ¿Qué situaciones son difíciles para ti? ¿Cómo te comportas emocionalmente cuando tienes que esperar? En una escala de 1 a 10, ¿cuán bien te manejas cuando las cosas no salen a tu manera? Yo he descubierto que dar respuestas sinceras a preguntas como esas son útiles para hacer progreso hacia el manejo de nuestras emociones.

Llevarse bien con personas con las que es difícil llevarse bien

¿Cómo reaccionas ante personas que son groseras? ¿Respondes en amor como dice la Palabra que deberíamos hacerlo, o te unes a ellas en su mala conducta? A ninguno de nosotros nos gustan las personas irritables y que irritan. Una definición de grosería es ser brusco y desagradablemente contundente. Creo que hay muchas personas en el mundo que son así en la actualidad, generalmente debido a las vidas tan estresantes que llevan la mayoría de personas. Las personas intentan hacer demasiado en poco tiempo y tienen más responsabilidades de las que pueden manejar de modo realista.

Cuando una cajera en un supermercado es grosera conmigo, al instante puedo sentir que surgen mis emociones. Como dije anteriormente, las emociones surgen y después se mueven, queriendo que las sigamos. Cuando yo siento eso, sé que necesito emprender la acción. Tengo que razonar conmigo misma y recordar que la persona que está siendo grosera probablemente tenga muchos problemas, y que ni siquiera se esté dando cuenta de cómo se comporta. Ciertamente recuerdo muchas veces en mi vida en que hubo personas que me preguntaban por qué yo era tan dura, y yo ni siquiera me daba cuenta de que lo era. Simplemente había muchas cosas en mi vida y me sentía presionada, y por eso la presión se escapaba en tonos de voz duros. Eso no excusaba mi mala conducta, pero era la raíz del problema.

Estoy muy agradecida porque ahora conozco la Palabra de Dios y le tengo a Él en mi vida para ayudarme y consolarme. Pero intento recordar que muchas personas en el mundo con las que es difícil llevarse bien no tienen eso. Yo siempre quiero que mi conducta sea un testimonio para Cristo y no algo que le haría avergonzarse de mí. Siendo este el caso, he tenido que trabajar mucho con el Espíritu Santo para desarrollar la capacidad de actuar según la Palabra de Dios cuando las personas son groseras, en lugar de reaccionar con una conducta que iguala o supera la de ellas.

Jesús dijo que no hacemos nada especial si tratamos bien a las personas que nos tratan bien, pero si somos amables con alguien que se calificaría como enemigo, entonces estamos haciendo bien (ver Lucas 6.32-35).

Esta área es en realidad muy grande, y presenta una situación que trataremos de vez en cuando a lo largo de nuestras vidas. Hay personas en todas partes, y no todas ellas son agradables; por tanto, debemos tomar una decisión con respecto a cómo vamos a reaccionar hacia ellas. ¿Actuarás según la Palabra de Dios y las amarás por causa de Él? ¿O tan sólo reaccionarás emocionalmente y terminarás quizá actuando peor de lo que ellos actúan? ¿Has permitido alguna vez que una persona grosera te arruine el día? Toma la decisión de que nunca volverás a hacer eso porque, cuando lo haces, estás desperdiciando parte del precioso tiempo que Dios te ha dado. Cuando pasa un día, no puedes nunca recuperarlo, así que te insto a no desperdiciarlo estando emocionalmente molesto por alguien que puede que nunca vuelvas a ver.

Si estás en una situación que requiere que estés al lado de una de esas personas con las que es difícil llevarse bien, te insto a que ores por ella en lugar de reaccionar emocionalmente. Nuestras oraciones abren una puerta para que Dios obre. A veces, cuando oramos, Dios nos guiará a confrontar a una persona así. No estoy diciendo que tengamos que consentir la mala conducta de la persona, pero recuerda que la confrontación debería realizarse en el espíritu de amor.

Decisión y confesión: *Puedo esperar con paciencia las cosas que quiero en la vida, confiando en que Dios las traerá en su momento.*

Los pensamientos son combustible para los sentimientos

Dios justo, que examinas mente y corazón.
(Salmo 7.9)

El salmista David habla sobre emociones y pensamientos en la misma frase porque están íntimamente relacionados el uno con el otro. Debemos entender el poder de los pensamientos a fin de aprender cómo manejar nuestras emociones.

Una estadística dice que aunque miles de personas toman decisiones a principios de año de empezar a hacer ejercicio y van al gimnasio y pagan dinero para apuntarse, sólo el dieciséis por ciento de ellas en realidad aparecen y lo hacen. Este es un ejemplo perfecto de una situación en la que una persona quería hacer algo, tomó la decisión de hacerlo, y después permitió que sus pensamientos y sentimientos se convirtiesen en un dictador en su vida. Dios nos ha dado libre albedrío, y la verdad es que nuestros pensamientos y sentimientos no pueden gobernarnos si nosotros no se lo permitimos, pero la mayoría de personas no saben eso.

Un día en diciembre, Mark se miró en el espejo después de darse un baño y pensó: *He subido de peso en los dos últimos años y no estoy en forma. Realmente necesito hacer algo. Pero las vacaciones están cerca, así que supongo que seguiré disfrutando de comer todo lo que quiera hasta enero. Entonces empezaré una dieta y un programa de ejercicio.* Mark se sintió bien por su decisión y quiso hacer el compromiso, así que fue al gimnasio al día siguiente y se apuntó. Dio un número de tarjeta de crédito y consintió en pagar 45 dólares al mes durante el siguiente año para poder utilizar las instalaciones. Mark se fue del gimnasio sintiéndose bien en cuanto a su decisión.

Disfrutó de comer todo lo que quiso en las vacaciones, y siguió diciéndose a sí mismo y a otras personas que en enero iba a comenzar un programa de dieta y ejercicio. Llegó enero, terminaron las vacaciones, y él se despertó el primer lunes del mes y se dijo para sí: *Hoy iré al gimnasio.* Se dirigió al trabajo e incluso se llevó con él ropa de gimnasia y zapatillas de deporte. Aquel día en el trabajo le invitaron a comer, y resultó ser en su restaurante favorito. Él pensó: *Esto va a ser difícil, porque tienen esa lasaña que me encanta, y seguro que no encaja en mi plan de dieta.* Nunca se le ocurrió a Mark sencillamente declinar la invitación si sentía que no podía ir allí y seguir haciendo su dieta. Sencillamente supuso que la tentación sería demasiado, y en realidad ya había hecho planes para el fracaso.

El primer error que Mark cometió fue pensar que resistir la tentación de comer lasaña iba a ser demasiado difícil para él. Podría haber pensado: *Quiero ir a comer con mis amigos, pero voy a seguir con mi dieta. ¡Puedo hacerlo! Me encanta la lasaña, pero puedo decirle no.* Nuestros pensamientos nos preparan para la acción, y como Mark ya había pensado que sería difícil para él, cuando entró en el restaurante y comenzó a mirar la lasaña que había en el menú, no pudo resistir la tentación porque ya había decidido mentalmente lo que haría. Sus sentimientos se unieron a esos pensamientos, y los dos tomaron la decisión por él.

Todos los carbohidratos de la lasaña hicieron que Mark se sintiera somnoliento aquella tarde, y cuando salió del trabajo pensó: *Quizá esperaré y comenzaré a hacer ejercicio más adelante en la semana. Después de todo, ya lo he estropeado al comer la lasaña, y estoy muy cansado hoy de todos modos.* Desde luego, sus sentimientos estuvieron de acuerdo con el plan de irse a casa y descansar. Le aseguraron que no tenían ganas de hacer ejercicio, y esperar hasta otro día sonaba maravilloso.

Llegó el mes de abril, y Mark aún no había hecho dieta ni había comenzado el ejercicio. Lo intentó unas cuantas veces, pero sus pensamientos y sentimientos siempre le derrotaban. El gimnasio le había estado cargando a su tarjeta de crédito cada mes la cantidad prometida, y él había pagado ya 180 dólares por algo que no estaba utilizando. Cuando pensaba al respecto se sentía culpable, pero su mente le daba algunas excusas: *Intenté hacer ejercicio, pero hay demasiadas cosas en mi vida. Realmente me gustaría cuidar más de mí mismo, pero no tengo tiempo. Tengo muchas responsabilidades, pero las cosas finalmente cambiarán y lograré hacerlo.* Deseaba no haber firmado ese contrato porque iba a desperdiciar 540 dólares.

Cada una de las miles de personas que se apuntan en un gimnasio en enero y nunca aparecen experimentan alguna versión de la historia de Mark. Permiten que sus pensamientos y sentimientos controlen sus decisiones. Podrían haber tenido éxito en disciplinarse a sí mismos si hubieran entendido el poder de los pensamientos y hubieran sabido que tenían la autoridad de escoger sus pensamientos en lugar de conformarse con cualquier cosa que llegase a su mente.

Convéncete del éxito

Nadie tiene éxito en ninguna aventura sólo por desear tenerlo. Las personas exitosas hacen un plan y se convencen de ese plan regularmente. Puedes pensar cosas a propósito, y si haces lo que piensas con respecto a lo que quieres hacer, puede que a tus sentimientos no les guste, pero lo seguirán. Yo dormí estupendamente anoche, y cuando me desperté a las 5:00 de la madrugada no tenía ganas de levantarme. Estaba muy a gusto bajo la manta, y tenía ganas de quedarme allí. Pero tenía un plan con respecto a trabajar en este libro. Había

> *Nadie tiene éxito en ninguna aventura sólo por desear tenerlo. Las personas exitosas hacen un plan y se convencen de ese plan regularmente.*

decidido cuántas horas escribiría hoy, y a fin de hacerlo tenía que levantarme. Pensé: *Voy a levantarme ahora*, ¡y ejercité la fuerza de voluntad y me levanté!

¿Prestas atención alguna vez a lo que estás pensando? ¿Haces un esfuerzo por escoger tus pensamientos, o tan sólo meditas en cualquier cosa que caiga en tu cabeza aunque esté en total desacuerdo con lo que has dicho que quieres de la vida? No tienes que quedar atrapado por los pensamientos negativos. Cuando tus pensamientos van en la dirección equivocada, ¿los derribas y los sacas de tu cabeza tal como la Biblia enseña (ver 2 Corintios 10.5)? ¿Cuánto estás permitiendo que tus pensamientos y sentimientos te gobiernen? Si no te gustan tus respuestas a esas preguntas, la buena noticia es que puedes cambiar. Como he dicho durante años, estamos en una guerra y la mente es el campo de batalla. O bien ganamos o perdemos nuestras batallas basados en ganar la guerra en nuestra mente. Aprende a pensar según la Palabra de Dios, y tus emociones comenzarán a alinearse con tus pensamientos.

Si has tenido años de experiencia en pensar equivocadamente y permitir que tus emociones te guíen, hacer el cambio puede que no sea fácil, y sin duda requerirá un compromiso de estudio, tiempo y esfuerzo. Pero los resultados valdrán la pena. No digas: "Yo soy una persona emocional, y no puedo evitar el modo en que me siento". Toma el control. ¡Tú puedes hacerlo!

El poder de creer lo mejor

Las cosas dañinas y decepcionantes que las personas hacen están entre las cosas que tienden a avivar nuestras emociones. Ya que no podemos controlar lo que otros hacen ni muchas de las circunstancias de nuestras vidas, necesitamos buscar maneras de aquietar nuestras emociones con respecto a esas cosas. La Biblia nos enseña a creer siempre lo mejor de toda persona (ver 1 Corintios 13.7). Si permitimos que nuestros pensamientos nos guíen, normalmente tienden hacia la negatividad. Tristemente, la carne sin la influencia del Espíritu Santo es oscura y negativa. Aprendemos en la Palabra de Dios que tenemos una mente de la carne y una mente del Espíritu (ver Romanos 8.5). Si permitimos que la mente de la carne dirija, estaremos llenos de sentimientos y actitudes mortíferos. Pero si escogemos permitir que la mente del Espíritu dirija, estaremos llenos de vida y paz en nuestra alma, y eso incluye emociones pacíficas y calmadas. Te insto a escoger lo que contribuye a la paz porque Jesús nos ha llamado a la paz. Él nos dejó su paz, pero una vida de tormenta emocional no sólo nos hace desgraciados, sino que también nos hace enfermar. El estrés es la raíz de un amplio porcentaje de enfermedades ¡La falta de tranquilidad causa enfermedad!

El año pasado entendí que la mayoría de mi tormenta emocional se produce mediante problemas de personas. Yo sabía por experiencia que no podía controlar a las personas y lo que ellas decidían hacer, así que comencé a orar sobre lo que yo podría hacer para no permitir que lo que los demás hagan me moleste. Como respuesta a mis oraciones y mediante el estudio de la Palabra de Dios, comencé a obedecer 1 Corintios 13.7 escogiendo creer lo mejor de toda persona.

Una empleada recientemente dijo cosas muy dolorosas y potencialmente dañinas sobre algunos de mis familiares y el ministerio. La primera reacción fue asombro, después decepción, y después confusión porque no podíamos entender sus motivos. Finalmente llegó el enojo. Yo he hecho un compromiso con la paz y me niego a permitir que mis emociones me controlen, así que actué según lo que dice la Palabra de Dios y decidí creer lo mejor. Pensé: *Ella está dolida por una situación trágica en su propia vida y probablemente está actuando debido a su propio dolor. Dudo de que ni siquiera entienda totalmente el potencial impacto de sus palabras.* Comencé a orar por ella, y cuando la gente me preguntaba qué pensaba yo, les decía que estaba sorprendida y no entendía plenamente por qué lo había hecho, pero después repetía mi idea de "pensar lo mejor". Observe que cada vez que adoptaba ese enfoque me calmaba emocionalmente, y tenía el mismo efecto en otras personas que estaban involucradas.

> *Siempre he creído que uno puede pensar en positivo al igual que en negativo.*
> Sugar Ray Robinson

Siempre he creído que uno puede pensar
en positivo al igual que en negativo.
Sugar Ray Robinson

Creo verdaderamente que la Palabra de Dios está llena de poderosos secretos. No son cosas que estén ocultas, sino que son sin duda alguna cosas que se han pasado por alto. Yo he leído durante años: "El amor siempre cree lo mejor de cada persona" (ver 1 Corintios 13.7). He seguido ese consejo en obediencia a Dios, pero recientemente ha sido cuando he entendido que pensar lo mejor es equivalente a tomar una pastilla para los nervios espirituales. Debido a que nuestros pensamientos están relacionados con nuestras emociones, cuando pensemos buenos pensamientos nos sentiremos bien emocionalmente.

Incluso si el motivo de una persona es terrible, yo puedo seguir protegiéndome creyendo lo mejor. No soy responsable de los actos y los motivos del otro, pero sí soy responsable de mi reacción a los actos de esa persona. Yo decidí creer que Dios podía sacar cosas buenas de lo que parecía ser una mala situación, y eso me hizo sentirme aún mejor. No pienses nunca que tienes que estar fuera de control tan sólo porque no puedas controlar a las personas y las cosas que te rodean. Aprende a vivir la vida interior en lugar de la vida exterior, y disfrutarás de pensamientos agradables y emociones calmadas.

Así que, si tu enemigo tuviere hambre, dale de comer; si tuviere sed, dale de beber; pues haciendo esto, ascuas de fuego amontonarás sobre su cabeza. No seas vencido de lo malo, sino vence con el bien el mal. (*Romanos 12.20-21*)

Las ascuas de fuego que menciona esta escritura no son represalias por lo que el enemigo haya hecho, sino en realidad es el fuego del amor que tú estás mostrando y que finalmente derrite la dureza del corazón de tu enemigo.

Finalmente, la empleada a quien mencioné anteriormente se despidió, y decidimos ir la milla extra y ofrecer un buen paquete de indemnizaciones para que ella tuviera tiempo para sanar de su propia tragedia emocional antes de que necesitase buscar un trabajo. Oramos con ella, y seguimos orando por ella y confiando en que Dios tome lo que Satanás quiso utilizar para mal y lo haga obrar para bien (ver Génesis 50.20).

Este secreto bíblico de creer lo mejor le pertenece a cada hijo de Dios. Lo único que necesitas es seguir a Dios en lugar de seguir los sentimientos. Cuando lo hagas, la intensidad de los sentimientos se debilitará porque no los estás alimentando con pensamientos negativos. Tenemos que tomar la decisión mientras nuestros sentimientos siguen estando avivados, pero te prometo que se calmarán si sigues el plan de Dios.

Dios no nos han dejado indefensos en esas situaciones. Estamos en el mundo, pero Él nos alienta a que no seamos del mundo. Eso significa que si obedecemos, entonces estaremos ocultos en Él, un lugar donde pueden salir contra nosotros mil, pero no tenemos que temer.

Podrán caer mil a tu izquierda, y diez mil a tu derecha, pero a ti no te afectará. No tendrás más que abrir bien los ojos, para ver a los impíos recibir su merecido. (*Salmo 91.7-8*)

Sin gasolina

Si necesitamos gasolina (combustible) para nuestro automóvil y vamos a una gasolinera sólo para descubrir un cartel que dice LO SENTIMOS, SIN GASOLINA, quedamos defraudados, pero nos vamos a buscar otra gasolinera. Yo creo que el diablo necesita encontrar un cartel de SIN GASOLINA en nuestra mente cuando llega para causar problemas en nuestra vida. Él siempre puede encontrar a alguien que entretendrá sus venenosos pensamientos, pero puedes hacerle saber que esa persona no vas a ser tú.

Piensa en las cosas que te hacen feliz. Yo podría quedarme sentada en este momento y llegar a deprimirme si quisiera hacerlo. Lo único que tengo que hacer es tomar unos quince o veinte minutos y pensar en mi niñez. Entonces podría pensar en todas las personas en mi vida que me han hecho daño y me han decepcionado. Podría pensar en todas las cosas que no funcionaron del modo en que yo había esperado, y también podría imaginar que hay más cosas malas probablemente de camino. Si hiciera eso, puedo prometerte que comenzaría a sentirme emocionalmente deprimida, y después sin duda alguna enojada. ¿Por qué escogeríamos hacernos desgraciados? Pregúntate a ti mismo por qué harías eso, y después toma la decisión de no volver a hacerlo nunca más.

La próxima vez que tus emociones se estén hundiendo o ardiendo en llamas, detente y pregúntate en qué has estado pensando o de qué has estado hablando. Si lo haces, probablemente detectarás la raíz de tu problema.

Hazlo o siéntete desgraciado

Como a la mayoría, probablemente te gustaría que hubiera un modo más fácil de vivir, pero no lo hay. Por tanto, bien podrías decidir hacer las cosas a la manera de Dios o sentirte desgraciado. Normalmente intentamos tomar todos los caminos fáciles, pero todos ellos conducen a la destrucción. La Biblia describe esos senderos como "anchos" porque no se requiere mucho esfuerzo para permanecer en ellos. Dios nos alienta a tomar el camino estrecho, el más difícil, pero también el que conduce a la vida: "Esfuércense por entrar por la puerta estrecha —contestó—, porque les digo que muchos tratarán de entrar y no podrán" (Lucas 13.24).

Tenemos que realizar un fuerte esfuerzo para atravesar la negatividad en el mundo, pero si hacemos nuestra parte, Dios siempre hará la suya. No todos están dispuestos a hacer el esfuerzo, pues son adictos a lo fácil y sencillamente siguen sus sentimientos. Estoy escribiendo este libro con la esperanza de que mis lectores no sean de los muchos que no entran. Jesús murió por nosotros para que pudiéramos tener una vida maravillosa y abundante que está llena de paz, gozo, poder, éxito y todo lo bueno, pero debemos beber de la copa que Él bebió. Él estuvo dispuesto a ir a la cruz y pagar por nuestros pecados aunque físicamente, mentalmente y emocionalmente fue muy difícil. También nosotros debemos estar dispuestos a hacer lo correcto, y nuestra recompensa sin duda llegará.

Estudia la Palabra de Dios regularmente, y entonces, cuando lleguen los problemas, ya tendrás tu tanque espiritual lleno de combustible que te capacitará para tomar decisiones correctas. No seas el tipo de persona que ora o tiene tiempo para Dios sólo cuando tiene ganas o experimenta un desastre. Busca a Dios porque sabes que no puedes navegar de modo seguro en este mundo sin Él. Sin duda, no podemos hacer nada de valor sin Él.

Tú y yo podemos permitir que nuestra mente vague sin dirección día tras día, y podemos ser controlados por nuestras emociones, o podemos escoger tomar las riendas de nuestra mente, escoger nuestros pensamientos con cuidado y manejar nuestras emociones. Dios ha puesto delante de nosotros la vida y la muerte, el bien y el mal, y nos ha dado la responsabilidad de elegir (ver Deuteronomio 30.19).

Si escoges lo correcto aunque se sienta como incorrecto, estarás creciendo espiritualmente y realizando progreso hacia la vida que realmente quieres disfrutar. Hacer lo que es fácil significa estancamiento o, peor aún, una regresión de cualquier progreso que se haya hecho en el pasado. Dios nunca está quieto. Él siempre se mueve, y nos invita a seguirle. A mí me gusta decir: "O subes, o bajas, o te atropellan". Decide estar ardiente para Dios, o decide ser frío, pero no vivas en el engaño de ser sólo tibio. Podemos movernos con Dios, pero si nos movemos contra Él pasando por alto sus principios, cosecharemos lo que sembremos y no nos gustará la cosecha que obtengamos.

La ciencia y el cerebro

La doctora Caroline Leaf ha estado en el campo del aprendizaje, la inteligencia y el estudio del cerebro por más de veinticinco años. Como cristiana nacida de nuevo que trabaja en universidades, se dio cuenta de que había un vínculo entre la ciencia y el cerebro. Ella afirma que se volvió muy real para ella después de leer mi libro titulado *El Campo de Batalla de la Mente*. Se dio cuenta de que yo estaba descubriendo como maestra de la Biblia lo que también ella estaba descubriendo como científica. Ella enseña desde un punto de vista científico cómo las personas pueden meter nueva información en sus cerebros sencillamente escogiendo nuevos pensamientos. La doctora Leaf ha demostrado científicamente, observando la actividad del cerebro durante la investigación, que podemos sustituir viejos pensamientos dañinos por otros nuevos. Ella afirma que las neuronas en nuestro cerebro se parecen a pequeños árboles con muchas ramas.

Durante una entrevista en mi programa de televisión, la doctora Leaf afirmó lo siguiente:

Yo enseño a las personas a entender que un pensamiento es algo muy real. Creo que muchas personas piensan que un pensamiento es meramente algo que está ahí fuera y que no pueden sentir ni tocar. Pero en realidad es una cosa real. Mientras estás pensando, en realidad estás construyendo recuerdos en tu cerebro, y los pensamientos en tu cerebro se parecen a los árboles. Lo interesante es que si el pensamiento es bueno, basado en algo positivo, en realidad se ve diferente en el cerebro a un pensamiento negativo. El pensamiento tóxico, como me refiero a él, afectará a todo el cuerpo. Esos pensamientos forman un tipo de producto químico diferente al que forma un pensamiento positivo. El pensamiento tóxico hace que crezcan pequeños espinos en las ramas en las neuronas. Esos espinos realmente son un pequeño conjunto de productos químicos, y esos productos son tóxicos. Sueltan su veneno que puede hacer enfermar. El veneno va primero al corazón y comienza a ahogarlo, después va al sistema inmunológico y descompone las defensas, haciendo más fácil que la enfermedad germine en el cuerpo.

Yo le pregunté a la doctora Leaf si podríamos hacer algo en cuanto al daño que ya ha sido hecho, y ella me aseguró que la respuesta es sí.

Ella dijo: "En cuatro días puedes cambiar tu circuito neuronal. Incluso en este momento al escuchar, lo estás cambiando. Son necesarios cuatro días para comenzar a quitar los espinos de los árboles. Son necesarios veintiún días para establecer un recuerdo sin los espinos, y así crece un nuevo recuerdo sobre el viejo".

Aprendemos de la Palabra de Dios que debemos renovar nuestra mente y nuestras actitudes mediante el estudio y la meditación en la Palabra de Dios, y mediante esa renovación podemos entrar en la buena vida que Dios ha planeado para nosotros. La doctora Leaf afirma que el arrepentimiento y perdonar a cualquiera con quien estemos enojados son las mejores maneras de comenzar a quitar los espinos de nuestras ramas. También afirmó que incluso después de que los espinos ya no estén, podemos reconstruirlos comenzando a pensar negativamente otra vez. La renovación de la mente es un proceso constante, de toda la vida, y para ser sinceros, debemos trabajar en ello cada día.

Decisión y confesión: *Yo siempre creo lo mejor de cada persona, y soy muy positivo.*

Las palabras son combustible para los sentimientos

Las palabras son combustible para los sentimientos, al igual que lo son los pensamientos. De hecho, nuestras palabras dan a nuestros pensamientos expresión verbal. Ya es lo bastante malo pensar algo negativo, pero verbalizar negatividad hace que sea aún peor. El efecto que tiene sobre nosotros es inestimable. Oh, cómo me gustaría que todas las personas del mundo entendieran el poder de sus palabras y aprendieran a disciplinar lo que sale de sus bocas.

> *Las palabras son contenedores de poder, y como tales, tienen un efecto directo en nuestros sentimientos.*

Las palabras son contenedores de poder, y como tales, tienen un efecto directo en nuestros sentimientos. Las palabras alimentan el buen o mal humor; de hecho, alimentan nuestras actitudes y tienen un inmenso impacto en nuestras vidas y en nuestras relaciones.

Es muy grato dar la respuesta adecuada, y más grato aún cuando es oportuna. (*Proverbios 15.23*)

En Proverbios 21.23 se nos dice que si guardamos nuestra boca y nuestra lengua, nos ahorraremos problemas. Proverbios también nos dice: "En la lengua hay poder de vida y muerte; quienes la aman comerán de su fruto" (18.21). El mensaje no puede ser más claro. Si hablamos cosas positivas y buenas, entonces ministraremos vida a nosotros mismos y aumentaremos la emoción del gozo. Sin embargo, si hablamos palabras negativas, entonces ministramos muerte y desgracia a nosotros mismos, y aumentamos nuestra tristeza y nuestro humor cae en picado.

¿Por qué no haces de ayudarte a ti mismo lo primero en la mañana? No te levantes cada mañana y esperes a ver cómo te sientes y después hables de cada sentimiento a cualquiera que te escuche. Si haces eso, estás dando a tus emociones autoridad sobre ti. Te conviertes en el sirviente de tus emociones, y eso, sin duda alguna, no es un buen lugar en el que estar.

A veces tan sólo hablar *hace* que sea así

Harry se levantó ayer por la mañana y se sintió un poco decaído. No entendía por qué se sentía así, y comenzó a quejarse con su esposa. Le dijo: "No sé por qué me siento tan decaído hoy. Creo que me estoy deprimiendo. Y este no es un buen día para tener mal humor porque tengo una presentación que hacer en el trabajo que decidirá si conseguimos o no esa nueva cuenta de la que te hablé". A lo largo del baño y del desayuno, él pensaba: *Me gustaría sentirme más contento, me siento peor a medida que pasan los minutos,* y *Vaya día para sentirme de mal humor.* Cuando Harry salió para el trabajo, se iba aborreciendo ese día.

De camino a la oficina, se encontró con un importante atasco de tráfico debido a un semáforo estropeado. Le dijo a nadie en particular: "¡Estupendo! Esto es sencillamente estupendo. Era lo que necesitaba. Ahora, además de cómo me siento, voy a llegar tarde. Precisamente lo que necesitaba... mayor presión". Atravesó el tráfico, y cuando intentó entrar en el estacionamiento que siempre utilizaba, encontró la entrada bloqueada con una señal que decía que se iban a pintar las líneas aquel día. Su frustración y su mal humor aumentaron aún más. Cuanto más se molestaba, peor estaba su humor; y cuanto peor humor tenía, más lo alimentaba lo que decía y eso le hacía sentirse peor.

Harry finalmente llegó a su oficina y repasó sus notas una última vez antes de ir a la sala de juntas para reunirse con el potencialmente nuevo cliente. Sucedieron algunos detalles que le molestaron. Un hombre dijo que la sala estaba fría y pidió si se podía subir la calefacción. ¡Harry ya tenía calor!

Estaba a punto de comenzar su presentación cuando alguien llamó a su teléfono celular. Todo tuvo que detenerse mientras el grupo comprobaba para asegurarse de que sus celulares estuvieran apagados. Harry estaba pensando cosas que no eran agradables, como: *Estos estúpidos, ¿por qué no pensaron en eso antes de que comenzara la reunión?* Cuando comenzó la presentación, su tono de voz era un poco cortante. No sonrió ni una sola vez durante la presentación; nunca se le ocurrió hacerlo.

Para entonces Satanás estaba influenciando la mente, la boca, el humor y la actitud de Harry. Durante todo el tiempo en que estuvo dando su presentación, estaba pensando: *Esto es inútil; no nos escogerán. Estoy haciendo un trabajo terrible, y todo se debe a que me desperté de mal humor. No sé por qué suceden cosas como esta. Siempre se producen en el momento incorrecto. Yo necesitaba estar de buen humor hoy y tener muchos sentimientos de alegría, pero en cambio me deprimí. ¿Por qué tuvo que ser hoy cuando me sintiera así?*

Harry no consiguió la cuenta, su jefe no estuvo contento con él, y recibió una severa reprimenda por su actitud. Regresó a su oficina, cerró la puerta y llamó su esposa. Una vez más, le contó toda su mala suerte. Habló de ello durante cuarenta y cinco minutos, y entonces dijo que estaba tan deprimido que ni siquiera podía seguir hablando.

La historia de Harry es ficticia, pero también es clásica; cosas así les suceden todo el tiempo a todas las personas. Pero muy pocas llegan a entender que podrían haberle dado la vuelta al día en la mañana temprano escogiendo pensar en algo bueno y diciendo cosas positivas a pesar de cómo se sintieran cuando se despertaron. Tú y yo podemos cambiar el mal humor hablando sobre algo feliz. Habla sobre tus bendiciones, o sobre algo que estás esperando, y pronto verás cómo mejora tu humor. No estoy sugiriendo que puedas controlar cada sentimiento que tengas con tus palabras, pero sé por experiencia que puedes ayudarte a ti mismo. Podemos convencernos a nosotros mismos para tener un mejor humor cuando lo necesitemos.

¿Por qué nos sentimos como nos sentimos? ¡Quizá se deba a que hablamos como hablamos!

La mente del sabio enseña a su boca

La Biblia habla de hombres sabios y hombres necios. Dice que la boca del necio es su ruina, y sus labios son una trampa para él (ver Proverbios 18.7). Una persona tendría que ser muy necia para utilizar su propia boca y sus palabras para arruinar su propia vida, pero las personas lo hacen todo el tiempo. ¿Por qué? Simplemente porque no entienden el poder de las palabras. Sabemos que nuestras palabras impactan a otras personas, ¿pero entendemos que nuestras palabras nos impactan a nosotros mismos y a nuestras vidas? Harry es un ejemplo perfecto. Su historia puede que sea ficticia, pero todos conocemos a personas como Harry en la vida real que hablando se meten en todo tipo de malas situaciones.

No es sorprendente que Proverbios 17.20 nos diga: "El de corazón perverso jamás prospera; el de lengua engañosa caerá en desgracia".

Uno de los mayores errores que cometemos es pensar

que no tenemos control alguno sobre cómo nos sentimos o lo que hacemos. Dios nos ha dado un espíritu de disciplina y dominio propio, y se llama dominio *propio* porque Dios nos da esta herramienta para controlarnos a nosotros mismos. Todos la tenemos, ¿pero la utilizamos? Cualquier cosa que tengamos pero nunca utilicemos se vuelve inútil e ineficaz. ¿Haces ejercicio regularmente? ¿Por qué lo haces? Te ejercitas para mantener fuertes tus huesos y tus músculos, para mantener tu salud.

El escritor de Proverbios también nos dice: "El que refrena su boca y su lengua se libra de muchas angustias" (21.23). *Ese* es un hombre sabio.

Millones de personas viven vidas desgraciadas e infructuosas porque son engañadas. Creen que son sólo víctimas de cualquier cosa que les salga al encuentro. Si se despiertan sintiéndose deprimidos, no ofrecen resistencia, sino suponen erróneamente que deben comportarse tal como se sienten. Yo lo sé muy bien porque viví en ese mismo tipo de engaño durante gran parte de mi vida. Si la persona engañada es ofendida y se siente enojada, normalmente expresa su enojo e incluso se aferra a él como si fuera un premio por la batalla. A muy pocos se les ocurre que pueden soltar el enojo y confiar en que Dios se ocupe de su reivindicación.

El mundo está lleno de individuos desalentados y oprimidos que podrían mejorar sus situaciones sencillamente escogiendo continuar en esperanza. Cuando aprendemos el poder de la esperanza y la practicamos, es un hábito difícil de romper. Al igual que una persona puede formar el hábito de estar desalentada cada vez que las cosas no salen como quiere, puede aprender a alentarse a sí misma esperando que una bendición esté a la vuelta de la esquina.

Lo que decimos en momentos difíciles determina cuánto durará la dificultad y cuán intensa se volverá. Sin duda, no estoy diciendo que podamos controlar todo lo que nos sucede escogiendo pronunciar palabras correctas, pero podemos controlar nuestro modo de responder a las cosas que nos suceden, y escoger pensamientos y palabras correctos nos ayudan a hacer eso. No puedes controlar el viento, pero puedes ajustar las velas.

Di lo que dices a propósito

Probablemente nunca haya escrito un libro en el que no incluya alguna enseñanza sobre el poder de las palabras, y probablemente nunca lo haré. Así de importante es este tema, y quiero que te lo tomes en serio. Hay un tiempo para hablar y un tiempo para estar en silencio. A veces, lo mejor que podemos hacer es no decir nada. Cuando decimos algo, es sabio pensar primero y tener propósito en lo que decimos. Si queremos verdaderamente que nuestras palabras están llenas de vida o muerte, ¿por qué no escogeríamos lo que decimos con más cuidado?

Hasta un necio pasa por sabio si guarda silencio; se le considera prudente si cierra la boca. *(Proverbios 17.28)*

Creo firmemente que *si hacemos lo que podemos hacer, Dios hará lo que nosotros no podemos hacer*. Podemos controlar lo que sale de nuestra boca con la ayuda del Espíritu Santo y aplicando principios de disciplina. Incluso cuando hablamos de nuestros problemas o de las cosas que nos molestan, podemos hablar al respecto de manera positiva y esperanzadora.

He estado teniendo algunos problemas de espalda, y mi hija Sandy me llamó esta mañana para ver cómo estaba mi espalda. Yo le dije que me seguía doliendo, pero que estaba agradecida de que no fuese tan grave como podría haber sido. Le dije: "Estoy durmiendo bien, y eso es algo positivo". En otras palabras, yo no negué el problema, pero estoy haciendo un esfuerzo por tener una perspectiva positiva. Estoy decidida a ver lo que sí tengo y no sólo lo que no tengo. Sé que el dolor de espalda se irá en su momento, y creo que hasta entonces Dios me dará la fortaleza para hacer lo que tenga que hacer.

En 1911, la *Mona Lisa* resultó perdida y no pudo encontrarse durante dos años. Habían robado el cuadro. Pero sucedió un interesante fenómeno de naturaleza humana. En los dos años de su ausencia, hubo más personas que vieron el lugar donde había descansado el cuadro anteriormente de las que habían visto realmente el cuadro en los dos años anteriores al robo.

Al igual que todos esos visitantes del Louvre, muchos de nosotros pasamos nuestra vida más interesados en lo que falta que en lo que tenemos, y tristemente hablamos con más frecuencia de nuestros problemas que de nuestras bendiciones. Hablar de los problemas hace que nos enfoquemos en ellos, y como yo digo a menudo: "Aquello en lo que nos enfocamos se vuelve cada vez más grande". ¡Yo creo que la desgracia es una opción! Las cosas no nos hacen ser desgraciados sin nuestro permiso.

Robert Schuller dijo: "La buena noticia es que la mala noticia puede convertirse en buena noticia cuando uno cambia su actitud". Y si no puedes tener una buena actitud con respecto a algo con lo que eres infeliz, al menos puedes intentar minimizar lo negativo.

Mi amiga Antoinette, que vive en Nueva York, me habló sobre algo que le ocurrió recientemente y le molestó mucho. Ella iba conduciendo a su casa tras visitar a unos parientes después del fin de semana del Memorial Day. A medida que se aproximaba al puente George Washington, cientos de autos formaban un embudo a medida que se acercaban a varias cabinas de peaje. El tráfico se movía con mucha lentitud, y mientras ella iba siguiendo a un SUV grande que iba delante de ella a lo largo de una serie de conos de tráfico, oyó una sirena detrás, y un policía le dijo por un megáfono que se detuviera y saliera del auto.

El policía la trató como si ella fuese una delincuente, gritándole órdenes de que le entregase su licencia, su registro y sus papeles del seguro y volviese al auto. Ella no tenía idea alguna de lo que había hecho mal, y educadamente le preguntó qué problema había. Él ignoró su pregunta y comenzó a escribir una multa. Unos minutos después, él le dijo que se metiera en su auto diciendo: "Usted vio esos conos. Ahora irá a los tribunales".

Para empeorar más las cosas, la multa no tenía pago, pero sí tenía una fecha de juicio; tenía la orden de presentarse delante de un juez tres semanas después. Ella tendría que pedir días libres en el trabajo para presentarse en el tribunal... ¡y ni siquiera sabía qué había hecho mal!

Ella había estado bajo mucha presión, y ese incidente la sacó de sus casillas. Comenzó a llorar, cruzó el puente llorando, y seguía llorando cuando llegó a su casa media hora después. Obviamente, ella estaba molesta por algo más que la multa.

Normalmente, ella habría hablado a sus amigas y sus compañeros de trabajo sobre el incidente, ya que fue el principal recuerdo de su fin de semana de vacaciones. Pero durante los dos días siguientes, siempre que se veía tentada a relatar la historia, no lo hacía.

Pensó que hablar sobre el incidente tan sólo reforzaría su mal humor y le molestaría más. Por tanto, cuando sus amigas le preguntaron por el fin de semana, ella sólo habló de las partes buenas y no les contó nada de su encuentro con la ley.

Antoinette aprendió una buena lección: al decidir no hablar sobre sus problemas, en realidad fue capaz de mantener su tormenta bajo mínimos.

Si tomas la decisión de decir lo menos posible sobre tus problemas y desengaños en la vida, ellos no dominarán tus pensamientos y tu ánimo. Y si hablas tanto como sea posible de tus bendiciones y expectativas esperanzadoras, tu actitud mental se pondrá a la altura. Asegúrate de que cada día esté lleno de palabras que alimenten el gozo, no el enojo, la depresión, la amargura y el temor. ¡Ten mejor ánimo mediante tus propias palabras! Encuentra algo positivo que decir en cada situación.

Se oyó a un muchacho hablando consigo mismo a medida que iba por el patio trasero, llevando su gorra de béisbol y un bate y una pelota: "Soy el mejor bateador del mundo". Entonces lanzó la pelota al aire, bateó y falló. Gritó: "¡Strike uno!" Sin inmutarse, agarró la pelota y dijo otra vez: "Soy el mejor bateador del mundo". Lanzó la pelota al aire. Cuando bajó, bateó y falló. Gritó: "¡Strike dos!" El muchacho hizo una pausa por un momento para examinar su bate y su bola con atención. Escupió en sus manos y las frotó. Se ajustó su gorra y dijo una vez más: "Soy el mejor bateador del mundo". Volvió a lanzar la pelota al aire y bateó. Falló. "¡Strike tres!" Entonces exclamó: "¡Guau! ¡Soy el mejor lanzador del mundo!"

Este muchacho tenía una actitud tan positiva que llegó a la conclusión de que si falló la bola tres veces, la única razón posible era que él era un lanzador tan bueno que ni siquiera podía batear su propio lanzamiento. Él estaba decidido a decir algo positivo, y yo imagino que la determinación evitó que se desalentara y se pusiera de mal humor.

Decisión y confesión: *Diré cosas positivas y esperanzadoras a pesar de cómo me sienta.*

10

¿Puedo controlar algo, para variar?

No es sorprendente que los seres humanos queramos controlar cosas... hay mucho que está *fuera* de nuestro control. Pero desgraciadamente, en lugar de molestarnos en intentar controlarnos a nosotros mismos, normalmente intentamos controlar lo que no deberíamos intentar controlar. Yo pasé muchos años intentando controlar a las personas que había en mi vida y también todas mis circunstancias, porque tenía temor a ser herida o que se aprovechasen de mí. Pero lo único que logré fue estar constantemente frustrada y enojada. Me tomó mucho tiempo entender que las personas responden muy defensivamente cuando intentamos controlarlas. Todo el mundo tiene derecho dado por Dios a tener libertad de elección, y se resisten a cualquiera que intente quitarles eso. Finalmente entendí que lo que yo estaba haciendo no era bueno y, por tanto, nunca iba a funcionar. No sólo nunca tendría paz debido a mi conducta, sino que también estaba alejando sistemáticamente a la mayoría de personas con las que quería tener una relación. Tristemente, desperdicié muchos años en esta búsqueda imposible antes de entender que Dios quería que le entregase a Él el control de cada área de mi vida. Cuando uno se detiene a pensar al respecto, ¡de todos modos Él tiene el control! Pero nuestra paz llega cuando rendimos nuestro deseo de estar a cargo y en cambio confiamos en Él.

Dios desea que utilicemos las maravillosas herramientas que Él nos ha proporcionado para controlarnos a nosotros mismos en lugar de intentar controlar personas y cosas. Él nos ha dado su Palabra, su Espíritu Santo y una amplia variedad de buen fruto que podemos desarrollar. El dominio propio es realmente un fruto de la vida llena del Espíritu (ver Gálatas 5.22-23). Si tienes tendencia a querer controlar a las personas y las circunstancias que hay en tu vida, quiero sugerir encarecidamente que renuncies a ello y en cambio comiences a controlarte a ti mismo. Esta es tu oportunidad de decir: "Yo tengo el control".

Aunque aprender a controlarnos a nosotros mismos requiere paciencia y aguante, vale la pena al final. Mis circunstancias tienen mucho menos control sobre mí ahora, sencillamente porque mi primera respuesta normalmente es trabajar con Dios en cómo voy a responder a la circunstancia. *Yo tengo el control estando en control de mí mismo.* Cuando tu circunstancia sea desagradable o incluso claramente dolorosa, ejercita el dominio propio. Di algo positivo como: "Esto también

> *Yo tengo el control estando en control de mí mismo.*

pasará, y obrará para mi bien al final". Entonces disciplínate para emplear tu tiempo en algo que beneficie a alguna otra persona. La mejor medicina es hacer algo bueno como respuesta al mal que llega contra ti.

Más feliz al ayudar

Un estudio sobre el principio de la Regla de Oro fue realizado por Bernard Rimland, director del Instituto para la investigación de la conducta infantil. Se pidió a cada persona involucrada en el estudio que hiciera una lista de diez personas a las que mejor conociera y las catalogase como felices o no felices. Después debían recorrer la lista de nuevo y catalogar a cada una como egoísta o desprendida. Rimland descubrió que todas las personas catalogadas como felices también estaban catalogadas como desprendidas. "Las personas más felices son aquellas que ayudan a los demás", concluyó. "Trata a los demás como quisieras que te tratasen a ti".

Dios nos da la capacidad de amar a los demás en todo momento, pero esa capacidad se desarrolla sólo cuando la ejercitamos; y todos sabemos que el ejercicio requiere disciplina y dominio propio. Comienza a hacer lo correcto a propósito, en lugar de ser meramente un esclavo de cómo te sientes en el momento.

No tenemos que esperar para ver cómo nos sentimos con respecto a algo y después responder. Podemos responder adecuadamente sin importar cómo nos sintamos. ¿Quieres realmente ser un esclavo toda tu vida de tus emociones? Estoy segura de que no quieres, pero tú eres el único que puede evitar que eso suceda.

La disciplina podría ser una de las entidades peor entendidas de todos los tiempos. No creo conocer a nadie que muestre una gran sonrisa como anticipo de ejercitar la disciplina. Pero lo cierto es que *la disciplina es nuestra amiga, no nuestra enemiga.* Nos ayuda a vivir la vida que más disfrutaremos cuando todo termine. Puede que la disciplina no ponga una sonrisa en nuestra cara mientras está en acción, pero su fruto es una vida exitosa y gozosa.

> *la disciplina es nuestra amiga, no nuestra enemiga.*

Dudo de que sea posible encontrar a una persona feliz y exitosa que no se discipline a sí misma regularmente. Te dije al comienzo que tendrías que tomar decisiones a medida que leyeses este libro. A pesar de lo que leas o estudies, no te ayudará a menos que tomes decisiones. ¿Quieres ser feliz y exitoso? Si quieres, entonces la disciplina es obligatoria, y disciplinar las emociones es especialmente importante.

La personalidad humana consiste principalmente en cuatro quintas partes de emociones y una quinta parte de intelecto. Esto significa que nuestras decisiones se toman sobre la base de un ochenta por ciento de emoción y un veinte por ciento de intelecto o razonamiento. ¡No es sorprendente que veamos tantas personas tomando malas decisiones! Muchas de nuestras decisiones son buenas, pero si no las llevamos a cabo, no significan nada. La emoción puede ayudarnos a comenzar en la dirección correcta, pero rara vez está en la línea de meta. Tarde o temprano debemos seguir adelante sin el apoyo de la emoción y empleando la disciplina.

Traducida del idioma griego, la palabra *disciplina* significa "salvar la mente o estar a salvo; una advertencia o llamado a la sensatez o el dominio propio". En otras palabras, una persona que esté pensando adecuadamente con sensatez disciplinará todas las áreas de su vida. Yo creo que nuestros pensamientos, palabras y emociones están entre las áreas más importantes que necesitamos disciplinar. Una persona disciplinada debe mantener la actitud mental correcta hacia los problemas que surjan. Es mucho más fácil mantener una actitud correcta que recuperarla cuando se ha perdido. No permitas que este pensamiento pase por tu lado sin pensar en él. Permite que lo diga de nuevo: *Es mucho más fácil mantener una actitud correcta que recuperarla cuando se ha perdido.*

Pues Dios no nos ha dado un espíritu de timidez, sino de poder, de amor y de dominio propio. (*2 Timoteo 1.7*)

Podemos ver claramente en esta escritura que Dios nos ha equipado con una mente sensata, una que permanece calmada (no es emocional), equilibrada, disciplinada y dominada. Sin embargo, debemos escoger utilizar nuestro dominio propio. Tener una cosa no sirve de nada si no la utilizamos, y casi siempre es doloroso comenzar a utilizar algo que ha permanecido inactivo por mucho tiempo. Cuando yo comencé a hacer ejercicio en el gimnasio y a utilizar los músculos que ya tenía, puedo asegurarte que fue doloroso. Es ilógico que si alguna persona ha permitido que sus emociones tengan el control y ha pasado la mayor parte de su vida haciendo lo que sentía hacer, no sea doloroso cuando comience a ejercitar la disciplina. Siempre es difícil hacer algo a lo que no estamos acostumbrados, pero si no lo hacemos lo lamentaremos más adelante.

Dave dice: "Podemos hacernos a nosotros mismos rendir cuentas o finalmente nuestras circunstancias nos harán rendir cuentas". Si una persona no disciplina sus gastos, finalmente le hará rendir cuentas la deuda que haya contraído y la presión de los problemas que causa. Si una persona no se disciplina para hacer lo necesario a fin de mantener un buen matrimonio, puede que termine en un doloroso divorcio con muchas personas heridas.

Hannah Whitehall Smith, autora de *The Christian's Secret of a Happy Life* [El secreto del cristiano para una vida feliz] dijo: "Dios disciplina el alma por los ejercicios interiores y las providencias exteriores". Lo que ella quería decir es que Dios pondrá en nuestro corazón lo correcto a hacer en cada situación, pero si escogemos no hacerlo, entonces Él permitirá que nuestras circunstancias se conviertan en nuestro maestro.

Lo quiero, ¡y voy a conseguirlo!

Aunque la determinación es una estupenda ventaja y es vital para el éxito, puede ser muy poco atractiva y peligrosa si está arraigada en pasiones carnales en lugar de estarlo en la voluntad de Dios.

El libro de Judas menciona a tres hombres cuya actitud era: "Lo quiero, ¡y voy a conseguirlo!". Esa actitud llevó destrucción a cada una de sus vidas.

> ¡Ay de los que siguieron el camino de Caín! Por ganar dinero se entregaron al error de Balaam y perecieron en la rebelión de Coré. *(v. 11)*

Caín, Balaam y Coré se abandonaron a sí mismos a la emoción desbocada por causa de lo que pensaban que les produciría, y su rebeldía contra Dios y contra la sabiduría que Él había puesto en ellos les hizo perecer.

Caín quería el favor que su hermano Abel tenía con Dios, pero no quiso hacer lo que Abel hizo para obtenerlo. Abel había llevado su mejor ofrenda a Dios, mientras que Caín llevó algo, pero no lo mejor. Dios aceptó a Abel y su ofrenda, pero no la de Caín, y cuando Caín mostró celos y odio hacia su hermano, Dios dijo: "el pecado te acecha, como una fiera lista para atraparte. No obstante, tú puedes dominarlo" (Génesis 4.7).

Caín no trató su pasión pecaminosa y su deseo equivocado, y se levantó y mató a su hermano. Debido a que no disciplinó sus emociones, pasó el resto de su vida viviendo bajo una maldición. Dios le dijo que cuando cultivase la tierra, no le produciría su fuerza; que sería un fugitivo y un vagabundo en la tierra, viviendo en un exilio perpetuo, un marginado degradado. Detente por un momento y pregúntate si sus emociones descontroladas le produjeron gozo y éxito.

En Números 16 conocemos a Coré, uno de los 250 hombres que se levantaron contra Moisés, el hombre escogido por Dios para guiar a los israelitas a la tierra prometida. Aparentemente, a Coré y sus seguidores no les gustaba la elección que Dios había hecho, y estaban celosos de la autoridad de Moisés. Se reunieron contra Moisés y Aarón, quejándose de que ellos se estaban elevando por encima de todos los demás. En otras palabras: "Moisés, no nos gusta tu actitud. ¿Quién te crees que eres? No intentes decirnos lo que tenemos que hacer, porque nosotros somos tan importantes como tú". Ellos pasaron por alto toda la cuestión, que era que Dios había puesto a Moisés en la tarea que él tenía, y lo que ellos tenían que hacer era someterse a la elección de Dios. Su bendición habría estado en su sumisión, pero ellos escucharon a sus sentimientos en lugar de escuchar a la sabiduría.

Cuando Moisés oyó lo que ellos decían, comenzó a orar por ellos, sabiendo lo peligrosas que eran sus palabras rebeldes. Para resumir la historia, Dios abrió un agujero en la tierra y se tragó a Coré y sus hombres y todo lo que tenían... ¡fin de la historia!

Dios les dio una oportunidad de cambiar de opinión y entender lo bendecidos que eran de ser escogidos como líderes, pero seguían sin estar satisfechos porque querían lo que Moisés tenía, y estaban decididos a obtenerlo. Pero al final, no sólo no obtuvieron lo que querían, sino que también perdieron todo lo que tenían, incluyendo sus propias vidas.

Balaam fue un profeta o pronosticador de acontecimientos futuros. Fue un hombre muy usado por Dios, cuyos consejos buscaban muchos hombres. El rey de Moab quería que Balaam maldijera a los enemigos del rey para poder derrotarlos, pero Balaam se negó. Dios habló a Balaam y le dijo que no maldijese al pueblo porque Él ya lo había bendecido. Al principio, Balaam le dijo a Moab que no podía cumplir con sus deseos porque Dios ya le había dado dirección. Moab le ofreció regalos y dinero, esperando persuadir a Balaam para que cambiase de opinión (ver Números 22).

Durante un tiempo, Balaam persistió en hacer lo que sabía que era correcto; pero finalmente la codicia se llevó lo mejor de él, y se puso de parte del rey Moab, con la intención de intentar ir en contra de Dios. Dios envió al Ángel del Señor, quien utilizó una burra para poner contra la pared al gran profeta, al lastimar su pie y hablarle. ¡Qué embarazoso debió de haber sido para el supuesto hombre tan importante ser corregido por una burra! Finalmente, los ojos de Balaam fueron abiertos y él vio al ángel que le dijo que había sido deliberadamente obstinado y contrario hacia Dios. Afortunadamente, Balaam vio lo necio que estaba siendo antes de que fuese demasiado tarde, y le dijo al rey Moab que no tenían ninguna capacidad para decir nada a excepción de lo que Dios le había dicho que dijese (ver Números 22.38).

Si persistimos en seguir las emociones no controladas,

el resultado no será bueno, pero nunca es demasiado tarde para regresar al camino correcto. Caín y Coré no cambiaron y fueron destruidos, pero Balaam hizo un cambio antes de que fuese demasiado tarde.

Me encanta aprender porque me da la opción de cambiar lo incorrecto y hacer lo correcto. Por favor, no leas este libro como si fuera una bonita historia sobre otras personas. Aplica su mensaje a tu propia vida, y no permitas que las emociones te gobiernen.

¡Pero se siente bien!

Creo que hay niveles de sentimiento, y necesitamos ser capaces de discernir la diferencia entre los sentimientos superficiales y las cosas que sentimos profundamente en nuestro corazón. Hay veces en que yo siento en lo profundo de mi espíritu que Dios quiere que haga o no haga algo, y es importante para mí seguir esos sentimientos, pero hay otros sentimientos más superficiales que me causan problemas si los sigo. Por ejemplo, podría tener ganas de comer pastel de chocolate y helado cada noche seguido de un gran plato de palomitas con sal, pero eso sin duda alguna causará problemas. Subiré de peso, y no me sentiré tan enérgica como debería. Como mencioné anteriormente en el libro, somos espíritus que tienen almas y cuerpos. Nuestro espíritu es la parte más profunda de nosotros, y el lugar donde Dios hace su hogar cuando recibimos a Jesucristo como nuestro Salvador. Nuestro espíritu regenerado se convierte en el trono de Dios y Él nos habla, conduciéndonos y guiándonos desde allí. Hay otros sentimientos que tenemos que son meramente emoción y residen en el alma, una parte más superficial de nuestro ser. Mientras sigamos esos sentimientos, nunca obtendremos lo que verdaderamente queremos de la vida, y al final cometeremos muchos errores que causarán problemas para nosotros y para otros.

Un buen ejemplo de una persona que siguió un sentimiento superficial se encuentra en Génesis 27. Siendo ya anciano, Isaac había perdido la vista. Sabía que iba a morir pronto, y era momento de dar la bendición del primogénito a su hijo mayor, Esaú. Él tenía dos hijos, Esaú y Jacob, y su esposa, Rebeca, favorecía a Jacob. Ella quería que él recibiera la bendición en lugar de Esaú, y como Isaac no podía ver bien, Rebeca ideó un plan para engañarle haciéndole creer que Jacob era Esaú.

Esaú era un hombre velludo, y Jacob tenía la piel suave. Rebeca puso una piel de animal sobre el brazo de Jacob y le dijo que se presentase ante su padre y fingiera ser su hermano. Cuando la comida especial requerida para la ceremonia de la bendición fue preparada y llegó el momento de dar la bendición, Isaac *sintió* en su corazón que Jacob no podía ser Esaú, pero *sintió* su brazo y decidió que debía de ser Esaú porque era velludo. Esta ocasión de seguir los sentimientos equivocados causó problemas para muchos años venideros.

Causó problemas entre los hermanos; causó temor,

ocultamiento, terror a ser agarrado, culpabilidad por el engaño y muchas otras emociones negativas que estaban todas ellas arraigadas en el acto de seguir un sentimiento superficial en lugar de seguir un sentimiento más profundo del corazón.

Tan sólo imagina todos los resultados negativos cuando un hombre casado tiene una aventura amorosa extramatrimonial debido al sentimiento que experimentó hacia otra mujer. O piensa en los años que tantas personas pasaron en la cárcel porque siguieron sentimientos de enojo o ira y asesinaron a alguien, aunque sabían en lo profundo de su ser que eso estaba mal.

Hay momentos en que algo puede sentirse como correcto, pero es sabio comprobarlo para ver de dónde proviene el sentimiento. ¿Es tan sólo un sentimiento emocional, o es algo que verdaderamente sientes en tu corazón que es correcto?

Se siente como la voluntad de Dios

¿Cómo podemos conocer la voluntad de Dios? Este quizá sea uno de los asuntos más importantes para los cristianos que quieren obedecer a Dios. Sin duda, Isaac no hubiera desobedecido a propósito a Dios, pero siguió sus sentimientos sin ponerlos a prueba, y lo hizo.

"Siento que eso es lo que Dios quería que hiciera" puede ser una mala excusa para la voluntad propia, pero el cristiano sincero probará la impresión que haya recibido para examinar su validez.

Primera Tesalonicenses 5.21 afirma que deberíamos probar todo y aferrarnos a lo que es bueno. Satanás con frecuencia aparece como ángel de luz; incluso nos susurrará escrituras para confirmar algo que nosotros queremos hacer, si hacer eso nos mete en problemas. Podemos hacer que la Biblia diga casi cualquier cosa tomando partes de aquí y de allá, pero si examinamos toda la Escritura en conjunto, protegerá nuestro camino.

A Martin le gustaban los autos. De hecho, estaba obsesionado con tener un auto nuevo cada año. Disfrutaba de toda la experiencia de comprar el auto, probarlo, negociar con el vendedor, sacarlo del concesionario, lavarlo y encerarlo en su casa, y que los vecinos se acercaran para admirarlo. Cuando Martin salió a comprar su nuevo auto para ese año, su esposa se puso en contra de él. Ella sentía que necesitaban salir de la deuda en lugar de acumular más deuda. Martin le dijo que oraría al respecto y que no lo haría a menos que sintiera que Dios lo aprobaba. Martin era sincero en cuanto a escuchar de Dios, pero también tenía un deseo muy fuerte de comprar el auto. Mientras oraba y esperaba en Dios, abrió su Biblia y sus ojos se posaron sobre Salmos 67.6, que dice: "La tierra dará entonces su fruto, y Dios, nuestro Dios, nos bendecirá".

Martin decidió que conseguir el auto que quería era su fruto por haber trabajado durante el último año, y que esa era la manera de Dios de bendecirle. Es una buena escritura, y ciertamente Martin podría haberla recibido como aprobación para comprar el auto, a excepción de que la

Palabra de Dios también nos enseña que salgamos de las deudas y que quien pide prestado es siervo del que presta. La Palabra de Dios advierte contra la codicia y utilizar en exceso las cosas de este mundo. La decisión de Martin iba a causar peleas con su esposa, y el auto que él tenía era un auto perfectamente maravilloso. El pago del nuevo auto iba a ser de 150 dólares al mes más que el pago actual, e iba a crear la necesidad de hacer ajustes financieros que Martin había decidido que saldrían de la cantidad para la ropa de la familia. En otras palabras, él estaba siendo egoísta, algo contra lo cual la Biblia enseña claramente.

En este ejemplo, Martin utilizó la Escritura para salirse con la suya en lugar de mirar con sinceridad todo el consejo de la Palabra de Dios.

En el libro de James Dobson, *Emociones: ¿Puede confiar en ellas?*, él habla de la sabiduría de Martin Wells Knapp, quien en su libro del año 1892, *Impressions* [Impresiones], sugirió cuatro sencillas preguntas que podrían utilizarse para probar nuestros impulsos e impresiones. A continuación he parafraseado las preguntas de Knapp y las he aplicado al deseo de Martin de tener un auto nuevo:

1. ¿Es bíblico lo que quieres hacer? ¿Está en armonía con toda la Biblia?

2. ¿Es correcto cuando se examina por la moralidad y la decencia? Sin duda, la compra de un automóvil

no es moralmente equivocada o indecente, pero la egoísta conducta de Martin no estaba bien.

3. ¿Está la providencia de Dios abriendo la puerta para lo que deseamos, o estamos derribando la puerta? Si Dios hubiera proporcionado de repente 150 dólares adicionales al mes en ingresos, o si el vendedor hubiera ofrecido quedarse con el actual auto de Martin a cambio y le hubiera asegurado que el pago no sería más elevado que el actual, entonces él podría haber llegado a la conclusión de que Dios estaba abriendo la puerta para que él tuviera el auto. Sin embargo, Martin no tenía ninguna de esas señales providenciales.

4. ¿Es razonable? ¿Era incluso de sentido común el que Martin sintiera que debía tener un nuevo automóvil cada año, aunque su familia tuviera que sacrificarse para que él lo tuviera? ¿Iba a edificar su decisión buenas relaciones familiares y enseñar a sus hijos cómo manejar sus finanzas adecuadamente a medida que crecían hacia la edad adulta? ¿Era su decisión coherente con el carácter de Dios?

Podemos ver fácilmente que si Martin hubiera sometido su deseo a una prueba bíblica, habría sabido que comprar un auto nuevo en aquel momento era incorrecto. Como seres humanos, tristemente caemos en este pozo de hacer lo que queremos hacer y después decir que sentíamos que era Dios quien impulsaba nuestros actos. Dios sí habla a su propio pueblo y promete guiarnos y dirigirnos, pero es peligroso seguir ciegamente cada impresión que uno recibe.

¡Me siento emocionado por esto!

La emoción es un buen sentimiento; a todos nos gusta. A veces necesitamos el combustible de la emoción para ayudarnos a disfrutar de algo, pero otras veces si tomamos serias decisiones basadas solamente en la emoción, puede causarnos problemas.

Podemos referirnos a la emoción como un impulso que es un deseo repentino de hacer algo. La Biblia nos dice que satisfacer el impulso es una señal de inmadurez espiritual y no es agradable a Dios (ver Romanos 8.8; 1 Corintios 3.1-3). Si tomásemos tiempo para examinar algunos de nuestros sentimientos, descubriríamos que son muy irracionales.

Por ejemplo, las personas con frecuencia se comprometen a cosas que en realidad les resulta imposible hacer. Se comprometen emocionados o debido a un impulso sin tomar tiempo para considerar si podrán ser capaces de terminar lo que han comenzado. Si somos sinceros, tenemos que admitir que nosotros mismos creamos muchos de los problemas que hay en nuestras vidas. Culpamos de ellos a otras cosas y personas, pero verdaderamente gran parte de ello es culpa nuestra.

¿Has hecho algo alguna vez impulsivamente y después lo has lamentado pero no tenías modo de deshacer lo que habías hecho? Yo sí lo he hecho, y no creo que haya un sentimiento peor en el mundo para mí. Conozco los problemas que pueden ser causados por seguir impulsos repentinos sin examinarlos con sabiduría.

Los sentimientos son muy efímeros. Siempre están cambiando; vienen y van como las olas del mar. Están arriba, después están abajo, y parecen estar controlados por alguna fuerza invisible que no entendemos. "¿Por qué me siento así?" es una pregunta que se hace con frecuencia, pero nuestra confusión a menudo se parece a lo que alguien sin conocimiento científico podría sentir al intentar entender por qué a veces el océano está tranquilo y plano y otras veces se mueve salvajemente. Sencillamente así es, y aceptamos eso.

Si somos sabios, no saldremos a navegar al océano cuando hay grandes olas que parecen peligrosas, y tampoco deberíamos subir a nuestras emociones cuando están cambiando mucho; primero arriba y después abajo, aquí y allá, yendo y viniendo. Lo mejor es esperar a que se calmen antes de emprender ninguna acción. Toma el timón y dirige tu propio barco. No te metas en el

> *No te metas en el barco sin que haya nadie en el timón esperando tan sólo que las olas de la vida te lleven a algún lugar bueno.*

barco sin que haya nadie en el timón esperando tan sólo que las olas de la vida te lleven a algún lugar bueno.

Decisión y confesión: *Controlaré el modo en que respondo a cada situación.*

PARTE II

En los capítulos siguientes, estaré hablando de emociones que nos causan particulares problemas, incluyendo enojo, culpabilidad, amargura y resentimiento, depresión y desaliento. A medida que leas, es muy importante que entiendas, y creas, que *tú puedes controlar* esas emociones desagradables. Si no lo haces, esas problemáticas emociones terminarán controlándote a ti y tu vida. La razón de que puedas controlarlas es porque Dios te ha proporcionado lo que necesitas para hacerlo. No podemos hacer nada sin la ayuda de Él, pero está a disposición de cualquiera que se humille y la pida.

CAPÍTULO
11

Enojo

Los tres sentimientos negativos más dañinos son: enojo, culpabilidad y temor. Y el enojo es el número uno. Es también la más fuerte y más peligrosa de todas las pasiones. Cuando se describe un crimen como crimen pasional, eso significa que estuvo impulsado por el enojo. ¡El enojo es una emoción tan peligrosa que las personas terminan en la cárcel debido a lo que el enojo hace que hagan! Aunque necesitamos tomar muy en serio todo lo que la Biblia enseña, claramente es importante prestar atención especial a lo que Dios nos dice con respecto al enojo y cómo manejarlo.

El enojo se manifiesta de diferentes maneras. Un tipo de enojo está caracterizado por la explosión repentina y después una calma igualmente rápida. Otro tipo tiende a asentarse y echar raíces; como un virus de bajo grado, se queda en la mente y espera la oportunidad perfecta para buscar venganza. Otro tipo de enojo nos causa emprender una acción rápida. El enojo puede manifestarse con gritos, golpes, daños, o causando daño a su objetivo. El enojo critica, retira, ridiculiza, humilla, desprecia, se burla y menosprecia; no respeta, se rebela, y hasta puede girarse y adoptar el papel de víctima. Algunas personas entierran su enojo, pero al igual que un volcán, el enojo puede permanecer bajo la superficie tan sólo un período de tiempo. De un modo u otro, surgirá.

Algunas personas llegan a irritarse por la menor de las incomodidades, mientras que otras parecen permanecer calmadas a pesar de lo que suceda. Esas diferencias se deben en parte al temperamento con el que cada uno nace, y en parte a las circunstancias que afrontamos en los primeros años de nuestra vida mientras se estaba formando nuestra personalidad.

Aunque no podemos utilizar "el tipo de personalidad" como una excusa para tener mal genio, es sabio entender que personas diferentes manejan el conflicto de forma diferente. Dave rara vez se molesta por algo (excepto cuando va conduciendo). Si se encuentra con un camarero o cajero realmente malhumorado, en lugar de enojarse debido a que son groseros con él, bromea con ellos e intenta que cambien de humor. Pero si alguien es grosero conmigo, yo tiendo más a sentir que surge enojo en el interior y soy tentada a decirles lo que pienso de su conducta. Eso es exactamente lo que hice durante años hasta que aprendí cómo manejar mis sentimientos. No siempre tengo éxito, pero al menos tengo más éxitos que fracasos, y la buena noticia es que sigo creciendo.

Yo pensaba con frecuencia que era injusto que tuviera que trabajar tan duro en controlarme a mí misma, mientras que para Dave el control parece salir de modo natural. Pero todos tenemos fortalezas y debilidades en distintas áreas. Quejarnos por nuestras diferencias no hace que cambien. Toma lo que tienes y haz lo mejor que puedas con ello.

¿Es pecado el enojo?

Muchos cristianos están confundidos en cuanto al enojo. Piensan que como individuos piadosos, no deberían nunca enojarse. Se preguntan por qué siguen teniendo que tratar el enojo cuando es algo que no quieren sentir. El enojo puede ser una respuesta involuntaria, queramos sentirlo o no. Una persona con emociones dañadas debido a traumas del pasado o abuso puede responder, y probablemente lo hará, de manera autoprotectora y mostrará enojo con más facilidad que alguien que nunca haya sido maltratado. Afortunadamente, mediante la ayuda de Dios, esas emociones dañadas pueden ser sanadas, y podemos aprender a tener respuestas más equilibradas y razonables a personas, cosas y situaciones.

No todo el enojo es un pecado, pero parte de él sí lo es. La Biblia habla de un enojo que incluso Dios mismo tiene.

Es el enojo contra el pecado, la injusticia, la rebelión, la mezquindad y otras cosas parecidas.

La Palabra de Dios dice: "Si se enojan, no pequen" (Efesios 4.26); y Proverbios 16.32 dice: "Más vale ser paciente que valiente; más vale dominarse a sí mismo que conquistar ciudades". Recuerdo una mañana en la que yo estaba preparándome para ir a predicar, y Dave y yo comenzamos una discusión. Yo estaba estudiando y él me dijo algo que me hizo explotar rápidamente en enojo. Nos dijimos algunas palabras desagradables el uno al otro, y después él se fue al trabajo. Yo seguí pensando pensamientos enojados y tenía sentimientos de enojo. Después mi enojo se convirtió en culpabilidad y comencé a pensar: *¿Cómo es posible que vaya a la iglesia y les diga a los demás cómo conducir sus vidas según la Escritura si yo no puedo controlar mi enojo?* Los sentimientos de culpabilidad no sólo continuaron, sino que también se intensificaron. A medida que aumentaba la presión, comencé a sentirme casi frenética cuando de repente oí a Dios susurrar en mi corazón: *El enojo no es un pecado; lo que haces con él es lo que se convierte en pecado.* Aquella fue una de las primeras lecciones que Dios me dio para entender que no puede esperarse que las emociones tan sólo se vayan porque nos hemos convertido en cristianos, sino más bien tenemos que aprender cómo manejarlas.

Efesios sigue diciendo: "No dejen que el sol se ponga estando aún enojados" (4.26). Cuando nos aferramos al enojo, eso le da al diablo una ventaja en nuestras vidas (ver

v. 27). Esta escritura ha sido transformadora para mí al ayudarme a aprender más sobre las emociones y qué hacer con ellas.

Enojo pecaminoso

¿Cuál es la diferencia entre sentimientos aparentemente inocentes que son tan sólo parte de la vida y emociones que son pecaminosas? El enojo inaceptable y pecaminoso es aquel que nos motiva a hacer daño a otro ser humano. Cuando queremos vengarnos e infligir dolor a otros, estamos definitivamente fuera de la voluntad de Dios. Ni siquiera la injusticia de otros nos da derecho a infligir dolor sobre ellos. Dios dice claramente que la venganza es de Él, y nuestra posición debe ser de fe en Él, esperando con paciencia y amor a que Él haga justicia en nuestra vida. Cuando Jesús estaba a punto de ser capturado antes de su crucifixión, Pedro sacó su espalda y cortó la oreja de un soldado. Jesús le reprendió y sanó la oreja del hombre. Pedro parecía estar justificado en sus actos, pero Jesús condenó su conducta.

Pedro era dado a perder sus estribos y era bastante emocional, y por eso el enojo era su respuesta natural a cosas que no le gustaban o no sentía que eran correctas. Incluso un breve estudio de la vida de Pedro revela su naturaleza emocional, pero Dios le permitió ver sus propios errores y los problemas que causaban, y Pedro finalmente fue cambiado.

Moisés perdió un privilegio que había esperado durante

años debido al enojo incontrolado. En Números 20.1-12 vemos que reaccionó emocionalmente con ira hacia los israelitas, y Dios le dijo que no se le permitiría introducirlos a la tierra prometida.

Puedo entender el enojo de Moisés, porque conducir a los israelitas por el desierto y escuchar las incesantes quejas me habría hecho enojar a mí también. Pero a quien mucho se le da, mucho se le pide. A Moisés se le dio un privilegio por encima de otros hombres, y se esperaba de él que manejara sus sentimientos.

Controlar la pasión del enojo, especialmente si tienes una naturaleza agresiva y extrovertida, puede ser una de las cosas más desafiantes que afrontes en la vida, pero controlarlo es ciertamente posible con la ayuda de Dios. Recuerda que se dice que el hombre que controla su enojo es lo bastante fuerte para controlar toda una ciudad (ver Proverbios 16.32).

¿Tomarás la decisión de no permitir que el enojo te controle a ti y a tus actos?

Odio

Nada justifica una actitud de odio. Admito que yo odié a mi padre apasionadamente durante muchos, muchos años. Ese odio no cambió a mi padre ni le hizo pagar por sus ofensas, pero me envenenó a mí. Me robó la paz y el gozo, y mi pecado de odio me separó de la íntima presencia de Dios.

En 1 Juan 4.20 leemos: "Pues el que no ama a su

hermano, a quien ha visto, no puede amar a Dios, a quien no ha visto". No podemos mantener amor por Dios y odio por el hombre en nuestro corazón al mismo tiempo. Cuando Dios nos dice que perdonemos a nuestros enemigos, es para nuestro propio beneficio.

Puede que nos hayan tratado cruelmente, y tengamos todas las razones para odiar a alguien, pero no tenemos derecho a hacerlo. Nadie fue más injustamente tratado que Jesús, y aun así Él pidió a Dios que perdonase a sus atormentadores, diciendo que ellos no sabían lo que hacían (ver Lucas 23.34). La Biblia dice que ellos odiaban a Jesús sin causa (ver Juan 15.25). Eso siempre me ha parecido muy triste. Él vino con un sólo propósito, y era el de ayudar y bendecir a la humanidad, y ellos le odiaron porque Él era bueno y ellos eran malos.

Juan nos dice que el odio en nuestro corazón es equivalente al asesinato (ver 1 Juan 3.15).

Enojo justo

La Biblia habla del enojo justo, que es enojo contra todo pecado y todo aquello que ofende a Dios. El abuso y la injusticia de todo tipo me hacen enojar. Me enojo con el diablo cuando veo a niños que mueren de hambre en India, Asia, África y otros lugares donde he viajado en viajes de alcance misionero.

¡Incluso Dios tiene enojo justo! Dios se enojó cuando vio la dureza de los corazones de su pueblo (ver Marcos 3.5).

Afortunadamente, su enojo es por un momento, pero su favor durará toda la vida (ver Salmos 30.5). Aunque Dios es lento para la ira, estoy segura de que hay muchas injusticias en este mundo que le hacen enojar. Sin duda, estoy contenta de que Él maneje sus emociones, ¿y tú?

Aunque el enojo justo no es un pecado, lo que hagamos con él puede convertirse en pecado. Yo estoy muy enojada con el diablo, pero he descubierto que la única manera de devolverle el mal que él hace es haciendo el bien yo misma. El bien es lo único que Satanás, la personificación de la maldad, no puede soportar. Yo siempre digo: "Si quieres causarle al diablo un colapso nervioso, levántate cada día y busca cuánto bien puedes hacer".

El enojo incontrolado, incluso el enojo recto, puede convertirse rápidamente en furia, y eso es peligroso. Por ejemplo, las personas que están enojadas con respecto a leyes del aborto, o que se prohíba la oración en las escuelas, o la pérdida de derechos cristianos que está generalizada en la actualidad, sienten enojo recto, pero incluso eso se puede demostrar de manera inadecuada. Todos somos conscientes de cristianos que han causado gran daño a otros debido a la furia incontrolada por una injusticia. Pero recuerda que debemos hablar la verdad en amor, no en ira. Eso no significa que no podamos ser fuertes al levantar la voz contra la injusticia, pero cualquier falta de control tan sólo abrirá una puerta para el diablo, y eso es particularmente cierto cuando se trata del enojo. Debemos recordar, y obedecer, lo que dice la Biblia: "No dejen que el sol se ponga estando aún enojados" (Efesios 4.26).

Enojo reprimido

El enojo que se expresa inadecuadamente es un problema, pero también lo es el enojo reprimido. El enojo que es almacenado en el interior y no se trata adecuadamente al final saldrá de una manera u otra. Puede que se muestre en depresión, ansiedad, furia o cualquiera de varias emociones negativas, pero

> *Si no tratamos nuestro enojo rápidamente, al final o explotaremos o implosionaremos.*

saldrá. Incluso puede manifestarse en enfermedades. Si no tratamos nuestro enojo rápidamente, al final o explotaremos o implosionaremos.

La manera correcta de expresar enojo es hablar con Dios. Dile todo en cuanto a cómo te sientes y pídele que te ayude a manejar los sentimientos adecuadamente. ¡No tenemos porque no pedimos! (ver Santiago 4.2). Habla con un profesional o con un amigo maduro si es necesario, pero no finjas que no estás enojado cuando lo estás. Eso no es manejar tus emociones; es ignorarlas, y eso es peligroso.

Una cosa que me ayuda a tratar adecuadamente el enojo es entender que a veces Dios permite que las personas me irriten a fin de ayudarme a crecer en paciencia y amor incondicional. Nada del fruto del Espíritu se desarrolla sin que haya algo que nos haga ejercitarlo. ¡Vaya! Me gustaría poder tener mágicamente todo ese maravilloso fruto obrando al máximo en mi vida sin ningún esfuerzo por mi parte, pero sencillamente no es así como funciona. La mala conducta de la persona que ofende no es correcta, pero Dios con frecuencia utiliza a esa persona como una lija en nuestra vida, para pulir nuestras aristas. Él está más interesado en cambiar nuestro carácter que en cambiar nuestras circunstancias para hacer que sean cómodas para nosotros. Dios promete liberación si confiamos en Él, pero el momento está en sus manos.

Si yo me enojo cuando alguien me hace algo que es incorrecto, ¿es mi enojo menos equivocado que el error que la persona cometió? Creo que no. A veces, sus errores tan sólo sacan a la luz mi debilidad, y yo puedo arrepentirme y pedir a Dios que me ayude a vencerla. Decide obtener algo bueno de toda prueba que afrontes en la vida, y nunca permitas que el sol se ponga sobre tu enojo.

Este es un buen momento para preguntarte si estás enojado por cualquier cosa o cualquier persona, y si tu respuesta es sí, entonces puedes comenzar a controlar ese sentimiento en este momento.

Algunas de las personas explosivas que nos encontramos en la vida son realmente personas que están llenas de enojo por algo que han enterrado y se han negado a tratar. Puede que ni siquiera ellos entiendan porque se sienten tan enojados en todo momento. Son como bombas de tiempo, a la espera de que alguien o algo las ponga en funcionamiento. Explotan ante la más ligera provocación, y con bastante frecuencia su enojo parece extremo para la situación que están manejando.

La madre de Melody estaba enferma mentalmente, y con frecuencia la encerraba en el armario como castigo. Algunos días, ella pasaba más tiempo en el oscuro armario del que pasaba en la casa. Este abuso dejó muy enojada a Melody, pero no sabiendo cómo tratar su enojo, ella simplemente se fue de su casa cuando tuvo edad para hacerlo e intentó olvidar toda la situación. Eso suena bien; después de todo, la Palabra de Dios nos enseña que soltemos lo que queda atrás. Sin embargo, eso no significa que evitemos tratarlo. Melody se casó a los diecinueve años de edad porque estaba desesperada por experimentar amor, y ella y su esposo tuvieron tres hijos en los cinco primeros años de su relación bastante tormentosa.

Melody era temperamental. La mayoría del tiempo estaba deprimida o enojada, y parecía que todo el mundo tenía que caminar de puntillas, por así decirlo, para evitar provocarla. La atmósfera en la casa era muy tensa. Melody frecuentemente reaccionaba en exceso ante situaciones sin importancia. Una vez, en la cena, su hija Katie, que tenía tres años de edad, accidentalmente tiró su vaso de leche sobre la mesa. Melody se levantó y lanzó su silla al otro extremo de la habitación a la vez que gritaba y se quejaba de que nadie en la casa parecía ser capaz de hacer nada bien. La cena quedó arruinada para todos. Su esposo, James, salió de la casa para evitar comenzar una discusión con ella y empeorar aún más las cosas, y los niños se quedaron sentados en la mesa con miradas de temor en sus rostros, llorando y preguntándose qué haría mamá a continuación.

Melody siempre lo lamentaba poco después de sus explosiones, e intentaba compensar su mala conducta haciendo algo bonito para los niños, pero la culpabilidad que sentía porque no podía controlarse era casi abrumadora. No sabía qué hacer, y por eso no hacía nada. Afortunadamente, la persona a quien acudió era cristiana además de ser un estupendo consejero, y fue capaz de ayudar a Melody a ver que en lo profundo de ella seguía estando muy enojada por el modo en que su madre le había tratado, y eso estaba causando todos sus problemas emocionales. Él le ayudó a afrontar la verdad, a perdonar a su madre y aprender cómo controlar sus sentimientos.

La historia de Melody terminó bien, pero hay cientos de miles de personas en el mundo como Melody que son bombas de tiempo emocionales a la espera de explotar. Tristemente, puede que pasen todas sus vidas siendo desgraciadas y arruinando relaciones porque nunca tratan la raíz de su problema.

Aunque hay situaciones muy graves como la de Melody que requieren mucho tiempo para sanar, también hay cosas que tratamos diariamente. Cada día puede que tengamos la oportunidad de ser ofendidos o de no aceptar la ofensa. Algunos psicólogos enseñan que necesitamos expresar todo nuestro enojo, pero según la Palabra de Dios hay muchas cosas que sencillamente tenemos que soltar.

Una maestra escribió lo siguiente en la pizarra de su aula:

"El odio es enojo almacenado; por tanto, es amoroso enojarse". Eso es algo ridículo que enseñar a los niños. Sería
mucho mejor enseñarles a perdonar. Sin duda, los tipos
de ofensas que los niños estaban tratando diariamente no
requerían "una sesión de soltar el enojo". Algunos psicólogos les dicen a las personas cuando están enojadas que
den golpes sobre una mesa o golpeen algo hasta que sientan que han liberado su enojo. Yo no veo ninguna de tales
sugerencias en la Biblia, y creo que si yo hubiera dado golpes sobre una mesa cuando estaba enojada, lo único que
habría obtenido sería una mano dolorida. Si esos son los
tipos de cosas que estamos aprendiendo y enseñando a
nuestros hijos, no es sorprendente que nuestra sociedad sea
tan peligrosa en la actualidad. Es ciertamente triste cuando
tenemos que ofrecer clases especiales para enseñar a las
personas a manejar la furia. O cuando tenemos temor a que
alguien pueda acercarse a nosotros y dispararnos porque
está enojado por el modo en que su vida ha discurrido.

Ya que la Palabra de Dios nos dice que no permitamos
que se ponga el sol sobre nuestro enojo, seguramente Dios
espera de nosotros que sencillamente soltemos algunas
cosas. A medida que navegamos por la vida, necesitaremos
ser generosos en misericordia a fin de no estar enojados
la mayoría del tiempo. Aprendemos que tenemos que perdonar (Marcos 11.25). Debemos aprender a escoger nuestras batallas sabiamente en la vida porque hay demasiadas
para pelearlas todas. A veces Dios sigue diciendo, como les

dijo a los israelitas: "La batalla no es de ustedes sino mía" (2 Crónicas 20.15).

¿Cómo puedes saber cuándo expresar enojo y cuándo dejarlo ir? Sólo puedo decirte lo que funciona para mí. Mi primera línea de defensa es entregarlo a Dios; simplemente soltarlo y confiar en que Él haga lo correcto. Si el problema me sigue molestando durante más de unos cuantos días, hablaré con Dave o quizá con uno de mis hijos con la esperanza de que tan sólo dejarlo salir causará alivio. No hablo con ellos en un espíritu de murmuración o crítica, sino que lo hago para obtener la ayuda que necesito. A veces, otra persona puede ofrecer una perspectiva distinta sobre la situación que yo no veo. Si nada de eso funciona, entonces comienzo a buscar a Dios con respecto a si Él quiere que confronte a la persona que me ha hecho enojar. Si siento que Él lo hace, entonces lo hago.

A veces es mejor para la otra persona si tú la confrontas, pero yo siempre quiero asegurarme de estar haciéndolo para su bien y no por mi necesidad carnal de reprender a la persona o intentar cambiarla. En cambio, expreso el enojo adecuadamente o lo entrego a Dios. No lo reprimo. Lo he soltado y no se está acumulando en mí, causando infección y daño a mi alma.

Cuando alguien me trata mal, inicialmente siento enojo, después paso los siguientes minutos u horas, dependiendo de la gravedad del trato, manteniendo la emoción bajo control. Hablo conmigo misma y me digo lo necio que es permitir que alguna persona desagradable me arruine el día. Sigo la Escritura y oro por la persona que me ha herido. Intento creer lo mejor de la persona que me ofendió, e intento apartar mi mente de la ofensa y ponerla en algo más agradable. Descubro que en un breve período de tiempo la emoción se calma. Obedecer y meditar en la Palabra de Dios es medicina para nuestras almas. Trae no sólo enseñanza sino también consuelo en cada situación.

Como puedes ver, hay varias maneras en que podemos tratar el enojo, pero recuerda que no podemos expresarlo de manera no amorosa, no podemos reprimirlo ni podemos pasarlo por alto. El enojo es una emoción real, y tenemos que tratarla de una manera u otra.

¿Percepción o realidad?

¿Has oído alguna vez la frase "percepción es realidad"? Si percibimos que estamos en peligro, sea o no cierto verdaderamente, nos comportamos como si fuese cierto. Y nuestra conducta da forma a la calidad de nuestra vida. Todos hemos escuchado de personas que viven como paupérrimos, viviendo sus últimos años sin tener comida decente, ropa y techo debido a que estaban preocupados por las finanzas. Entonces, después de su muerte, se descubre que realmente eran ricos, ¡a veces con millones de dólares en cuentas de ahorro!

Vivieron con temor y desesperación cuando podrían haber vivido con lujo. Creyeron que eran pobres y vivían en consonancia.

El modo en que percibimos las cosas es como las vemos.

En mi niñez, yo sufrí abusos que me hicieron sentir la necesidad de defenderme del ataque emocional y físico. Debido a ese condicionamiento, aquellos sentimientos y respuestas permanecieron durante muchos años hasta mi vida adulta. Yo frecuentemente percibía que estaba siendo atacada y tenía que defenderme. ¡Pero mi vida había cambiado! Me casé con Dave, que es mi principal animador. ¡Imagina mi sorpresa cuando él me preguntó una mañana por qué yo me comportaba como si él fuese mi enemigo!

Necesité mucho tiempo para permitir que el Espíritu Santo obrase conmigo y me enseñase a juzgar las cosas mediante los ojos de Dios, no los ojos de un mundo abusivo. Aquella mañana en particular, Dave había expresado desacuerdo conmigo con respecto a algo, y yo lo recibí como rechazo. Mi enojo explotó y comenzaron a volar palabras. En aquellos tiempos, yo seguía teniendo una naturaleza basada en la vergüenza, y me sentía tan mal conmigo misma que si alguien estaba en desacuerdo conmigo o intentaba corregirme con respecto a algo, yo siempre me molestaba.

Pasé muchos años en confusión con respecto al enojo porque no entendía la raíz de mi problema. Estaba enojada y discutía cuando inicialmente había tenido la intención de mantener un diálogo sencillo sobre algo. Satanás tenía ventaja en mi vida, y yo necesitaba revelación de Dios para poder ver con claridad. Él me enseñó que tenía una raíz de rechazo en mi vida que se manifestaba en enojo, y que cuando las personas no estaban de acuerdo con mi opinión, yo lo tomaba de modo personal como si me estuvieran rechazando. Aún no sabía cómo separar mi "ser" de mi "hacer". Si las personas no estaban de acuerdo con todo lo que yo hacía o decía, sentía que me estaban rechazando.

Aquella mañana me estaba preparando para enseñar la Palabra de Dios, y Satanás vio una oportunidad de crear un problema aprovechándose de mi debilidad. Se las arregló para comenzar una pelea entre Dave y yo, sabiendo que eso me dejaría sintiéndome culpable y condenada, y evitaría que enseñase la Palabra con confianza. ¡Pero Dios salió a mi rescate! Él me mostró que el enojo que yo sentía tan sólo tenía que manejarlo. Me arrepentí de la pelea, llamé a Dave y me disculpé, y fui a mi lugar de reunión con paz.

A lo largo de los años, a medida que Dios me ha sanado de mi dolor del pasado, gradualmente sentí cada vez menos enojo. Pero mientras me sanaba, Dios me enseñó que mi enojo no era pecado si yo lo controlaba. Mis emociones estaban dañadas, y yo con frecuencia reaccionaba como lo haría un animal herido. Actualmente, rara vez siento enojo a menos que la amenaza o el ataque hacia mí sean genuinos.

> *Cuando estés enojado, cuenta hasta diez antes de hablar; si estás muy enojado, cuenta hasta cien.*
> Horacio

Dios nos ha dado la emoción del enojo para hacernos saber cuándo estamos siendo maltratados; mantenido bajo control, es una cosa buena.

Cuando estés enojado, cuenta hasta diez antes de hablar; si estás muy enojado, cuenta hasta cien.

Horacio

¿Va a ser siempre tan difícil manejar mis sentimientos?

Quizá estés pensando: *Yo tengo muchas emociones fuertes; ¿cómo voy a manejarlas todas?* He descubierto que Dios normalmente trata conmigo problema a problema. Al leer este libro, estás obteniendo un entendimiento general de las emociones y, es de esperar, también de por qué te sientes como te sientes a veces. Estás aprendiendo que, antes de nada, debes depender de Dios, y después pasar a la acción y ser agresivo en tu determinación de no ser un esclavo de tus sentimientos. Con frecuencia recuerdo a las personas que nada cambia tan sólo porque lean un libro. Lo que hagas con el conocimiento que obtengas de la lectura del libro es lo que conducirá al cambio.

Comprendo que el cambio no es siempre fácil, y quizá haya veces en que pienses: *No sé si alguna vez lo conseguiré.* Pero te aseguro que si no tiras la toalla, seguirás haciendo progreso y finalmente tendrás domadas muchas de tus emociones, y sencillamente no seguirán indisciplinadas. Responderán del mismo modo en que lo hace un niño cuando le educamos adecuadamente. Cuanto más nos neguemos a que nuestras emociones negativas nos gobiernen, más débiles se volverán, y finalmente tan sólo tenemos que hacer un mantenimiento diario.

No estoy diciendo que nunca más volverás a sentirte enojado, sino que el enojo que sientas será mucho más fácil de manejar de lo que fue en el pasado. Puedo decir sinceramente que hace veinte años yo era muy emocional y ahora soy muy estable. Sé por experiencia que los principios que estoy compartiendo contigo funcionarán de modo maravilloso en tu vida si los aplicas con diligencia. Recuerda siempre que obtener una victoria es más difícil que mantenerla cuando ya la has obtenido.

Decisión y confesión: *No viviré como una persona enojada. Trataré el enojo de manera piadosa.*

Culpabilidad

La culpabilidad es un sentimiento de responsabilidad con respecto a algo negativo que ha sucedido a otros o a ti mismo. Es un sentimiento de lamento por algún acto realizado o no realizado. La culpabilidad es un sentimiento terrible de soportar. No estamos hechos para la culpabilidad, y daña nuestra alma y nuestra personalidad, e incluso nuestra salud. La culpabilidad roba nuestra paz y gozo. Puede convertirse en una cárcel sin llave.

La culpabilidad nos deja con un sentimiento de obligación de compensar de alguna manera la ofensa que hicimos o imaginamos que hicimos. La carga de la culpabilidad unida a un deseo de pagar nuestros errores es una vida ciertamente desgraciada. Conozco a una mujer que gastó cientos de miles de dólares en programas de tratamiento y no obtuvo ayuda alguna hasta que recibió a Jesús como su Salvador y creyó que Él pagó la deuda que ella debía cuando murió en la cruz. ¡El evangelio de Jesucristo es ciertamente buenas nuevas! Debido a que nosotros no podíamos, Él pagó, y ahora no hay condenación ni culpabilidad para quienes están en Cristo (ver Romanos 8.1).

No pasamos por alto nuestros pecados, sino que los afrontamos con valentía, los confesamos (diciendo todo) y recibimos el increíble perdón de Dios.

> Pero te confesé mi pecado, y no te oculté mi maldad. Me dije: "Voy a confesar mis transgresiones al Señor", y tú perdonaste mi maldad y mi pecado. Selah. (*Salmo 32.5*)

Hagamos lo que sugiere la Escritura. Hagamos una pausa y pensemos con calma en lo que dice el versículo. Si reconocemos (admitimos) nuestro pecado a Dios y lo contamos, negándonos a ocultar nuestro pecado, Dios nos perdonará al instante y quitará la culpabilidad. Si el pecado ya no está, no hay nada de lo que sentirse culpable. El sentimiento de culpabilidad no se va instantáneamente, pero podemos creer lo que Dios dice y decir con Él: "Soy perdonado, y la culpabilidad ha sido quitada". He descubierto que mis sentimientos finalmente se pondrán a la altura de mi decisión, pero si permito que mis sentimientos tomen mis decisiones, siempre seré un esclavo de ellas.

Conozco a una mujer que era una verdadera guerrera para el Señor. Ella enseñaba en la escuela dominical, visitaba a mujeres en la cárcel local los viernes en la noche, se prestaba voluntaria para limpiar el santuario de la iglesia los sábados, y diezmaba regularmente. Crió a dos hijas que llegaron a ser cristianas comprometidas y guiaron a cientos de personas al Señor durante sus vidas. Cuando ella murió, hombres adultos acudieron a su funeral y lloraron. Les dijeron a sus hijas que su madre les había dado a sus esposas comida y dinero cuando ellos mismos habían malgastado sus salarios.

Sólo sus hijas sabían que su madre era una de las mujeres más infelices del mundo. A pesar de su fuerte fe, había cometido pecados en su juventud que la acosaron durante toda su vida. Aunque Dios la había perdonado, ella no podía perdonarse a sí misma.

Estaba atascada en la condenación.

Creo que historias como esta son algunas de las más tristes del mundo. Estoy segura de que la mujer de la historia les habló a otros del amor y la misericordia de Dios; sin embargo, ella nunca los recibió verdaderamente para sí misma. Quizá nunca entendió que ella era mucho más de lo

> *Podemos vivir por la verdad de la Palabra de Dios y no por cómo nos sintamos.*

que sentía. Se sentía culpable, y por eso suponía que era culpable y permitió que eso le robase el gozo. Esta historia se repite en millones de vidas, y es una de las razones por las que escribo este libro. *Podemos vivir por la verdad de la Palabra de Dios y no por cómo nos sintamos.*

Condenación y convicción

Debemos aprender la diferencia entre condenación (culpabilidad) y verdadera convicción de Dios de que hemos hecho algo equivocado. La condenación nos aplasta y se manifiesta como una pesada carga que requiere que paguemos por nuestros errores. La convicción es la obra del Espíritu Santo, quien nos muestra que hemos pecado y nos invita a confesar nuestros pecados, recibir perdón y la ayuda de Dios para mejorar nuestra conducta en el futuro. La condenación empeora el problema; la convicción tiene la intención de sacarnos de él. El resultado de cada cosa es totalmente diferente de la otra.

Cuando te sientes culpable, lo primero que debes hacer es preguntarte si eres culpable según la Palabra de Dios. Quizá lo seas. Si es así, confiesa tu pecado a Dios; aléjate de ese pecado y no lo repitas. Si necesitas disculparte con la persona a la que has ofendido, hazlo. Entonces... ¡perdónate a ti mismo y suéltalo! Dios ya lo ha hecho, y si tú te niegas a hacerlo no tendrás el gozo de la redención que Dios quiere que todos experimentemos.

A veces puede que descubras que no eres culpable según la Palabra de Dios. Por ejemplo, yo puedo recordar sentirme culpable cuando intentaba descansar. Durante años me impulsé a mí misma incesantemente al trabajo, trabajo, trabajo, porque me sentía bien cuando estaba logrando algo y me sentía culpable si lo estaba pasando bien. Finalmente llegué a un punto de crisis y clamé a Dios con respecto a por qué no podía disfrutar del descanso, y Él me mostró que los sentimientos de culpabilidad eran restos de mi pasado. Mi padre parecía aprobarme más cuando yo estaba trabajando, y él no valoraba el disfrute de ningún tipo, así que yo aprendí temprano en la vida que el trabajo es aplaudido pero el descanso tenía poco o ningún valor.

Ese pensamiento es totalmente erróneo según la Palabra de Dios. Incluso Él descansó de su obra de creación, y nos ha invitado a entrar en su reposo. La culpabilidad que yo sentía cuando intentaba descansar no era bíblica, era irracional y totalmente ridícula. Cuando dejé de creer sólo a mis sentimientos y comencé a examinarlos verdaderamente a la luz de la Palabra de Dios, destapé un inmenso engaño en mi vida.

¿Qué te hace sentirte culpable? ¿Qué dice la Palabra de Dios con respecto a la situación? Puede que descubras que es una falsa culpabilidad o puede que sea genuina, pero de todos modos, la Palabra de Dios tiene la respuesta a tu dilema. Si es un falso sentimiento de culpabilidad, entonces decláralo como tal y decide que no permitirás que tus sentimientos te gobiernen. Si tu culpabilidad está basada en un pecado genuino, entonces sigue el patrón bíblico para librarte de ella. Arrepiéntete, confiésalo, pide perdón, y recibe el perdón por fe. Ahora cree y confiesa que Jesús se ha ocupado de tu pecado y de la culpabilidad. ¡Y sigue adelante!

El Espíritu Santo se nos ha dado por muchas razones, y una de las verdaderamente importantes es para convencernos de pecado. Deberíamos amar y apreciar toda convicción porque, sin ella, podríamos fácilmente vivir vidas de autoengaño. Una persona espiritualmente madura puede recibir convicción y no dejar que eso le condene. La corrección de Dios no es nunca rechazo; es una señal de su amor que no está dispuesto a dejarnos tal como estamos, y Él obra diariamente para cambiarnos a su imagen y ayudarnos a desarrollar su carácter.

Culpabilidad real e imaginaria

Cuando eres propenso a la culpabilidad, el diablo tiene un día estupendo. Te garantizo que él sin duda alguna se aprovechará de ti obrando por medio de otros para jugar con tu culpabilidad. Puede que los demás te hagan sentir que sufrirán mucho si no haces lo que te piden. Tu respuesta debe ser seguir tu propia intuición de Dios y no aceptar la responsabilidad del gozo de ellos. Puede que tengas padres ancianos que te harán sentir culpable si no atiendes a todos sus caprichos. Sí tenemos una obligación bíblica hacia nuestros padres de asegurarnos de que estén bien atendidos cuando sean ancianos, pero no podemos ser responsables de su gozo. Muchas de las cosas que las personas esperan son expectativas *de ellos*, y pueden ser bastante irrealistas. Puede que estén pensando sólo en sí mismos sin tener comprensión alguna de ti y de tus otras responsabilidades.

El sentimiento de culpabilidad es tan horrible que normalmente haremos casi cualquier cosa para apaciguarlo. Si permitimos que otros nos hagan sentir culpables, ellos pronto aprenderán a manipularnos utilizando nuestra debilidad para obtener lo que quieren. Debes entender que no estás obligado a hacer algo sólo porque otra persona quiera o piense que deberías hacerlo. Eso no significa que no queramos agradar a las personas y hacer lo que sea para su beneficio, pero no podemos permitir que sus deseos nos gobiernen.

La culpabilidad puede proceder de una fechoría real o imaginaria. Yo me sentía culpable del abuso en mi niñez aunque no era quien lo realizaba y odiaba lo que me estaban haciendo. Esa culpabilidad se desarrolló en lo que yo denomino una culpabilidad adictiva. Yo me sentía culpable todo el tiempo por nada en particular al igual que por errores que cometía. Tenía un falso sentimiento de culpabilidad que estaba arraigado en la vergüenza.

Las emociones tienen mente propia, y Satanás las utiliza para engañarnos. No podemos suponer que porque nos sintamos de cierto modo, esos sentimientos nos están diciendo la verdad. En otras palabras, sólo porque me sienta culpable no significa que sea culpable. De igual modo, puede que no me sienta culpable y aun así haya cometido un pecado. Puedo haber razonado en mi mente que lo que hice estaba justificado aunque estuviera en contra de la Palabra de Dios, y al hacer eso me he engañado a mí mismo. El apóstol Pablo dijo que él no sentía nada contra sí mismo, pero que no estaba justificado por sus sentimientos. Él dejaba todo a Dios y esperaba que Dios le convenciera de pecado cuando fuese necesario: "Porque aunque la conciencia no me remuerde, no por eso quedo absuelto; el que me juzga es el Señor" (1 Corintios 4.4).

Los hombres que golpean a sus esposas les hacen sentir

que los golpes son culpa de ellas. Las mujeres que permiten un trato así tienen poca o ninguna dignidad propia. Sienten que si el matrimonio fracasa, será culpa de ellas, y muchas realmente creen que deben de merecerse el trato que obtienen. He escuchado que el siete por ciento de todas las mujeres reciben abusos físicos, y el treinta y siete por ciento reciben abusos verbales o emocionales. Eso significa que hay muchas mujeres que se sienten culpables y no tienen dignidad propia.

Culpabilidad y enojo

La culpabilidad es una de las raíces del enojo. Inherentemente sabemos que no estamos hechos para la culpabilidad. Puede que no lo entendamos conscientemente, pero nuestro sistema se rebela contra ello. Dios quiere que nos sintamos amados y aceptados, y por esa razón se nos dice una y otra vez en su Palabra que Él nos ama incondicionalmente. Incluso cuando seguíamos estando en nuestro pecado y antes de que nos interesásemos por Dios o ni siquiera intentásemos hacer algo correctamente, Él nos amó y envió a su Hijo a morir por nosotros y pagar por nuestros pecados.

Cuando recibimos a Jesús como nuestro Salvador, Él toma nuestro pecado y nos da su justicia (ver 2 Corintios 5.21). Dudo de que muchos de nosotros entendamos el pleno impacto de eso. Sin que nos cueste nada en absoluto, somos hechos justos delante de Dios. ¡Podemos sentirnos bien en lugar de mal!

¿Por qué no dar un paso de fe e intentarlo? Di o piensa algo bueno de ti mismo. No estoy fomentando un tipo de orgullo incorrecto, sino que te aliento a que seas lo bastante valiente para creer que eres la maravillosa persona que Dios dice que eres.

En el salmo 139 David confesó que sabía que Dios le había creado, y después dijo: "¡Tus obras son maravillosas, y esto lo sé muy bien!" (v. 14). ¿Crees en tu corazón que Dios te creó cuidadosamente y que eres maravilloso? La mayoría de las personas tendrían temor a creer eso. ¿Por qué nos sentimos más cómodos sintiéndonos mal con nosotros mismos que sintiéndonos bien? ¿Se debe a que nos enfocamos en nuestros fallos y rara vez ni siquiera miramos nuestras fortalezas? Nos castigamos a nosotros mismos por nuestros fracasos, pero rara vez celebramos nuestras victorias.

El Cantar de los Cantares de Salomón es una alegoría de la historia de amor entre Dios y su pueblo. Lee atentamente la siguiente escritura:

Toda tú eres bella, amada mía; no hay en ti defecto alguno. (4.7)

Dios te ama y ve el bien en ti. Él ve aquello en lo que te estás convirtiendo y serás, y no se preocupa en exceso por tus fracasos. Él los conocía todos ellos cuando te invitó a tener una relación íntima con Él. Lo único que Él quiere es tu amor y tu disposición a crecer en Él.

Tu presencia es un regalo para el mundo. Eres único y

singular. *No olvides, ni siquiera un solo día... ¡lo muy especial que eres!*

Da un paso de fe

¿Darás un paso de fe y, a pesar de cómo te sientas, estarás de acuerdo con Dios en que Él te ama? Has sido creado maravillosamente y tienes muchos talentos y fortalezas. Eres valioso, y como creyente en Jesús eres la justicia de Dios en Él. ¡Tienes justicia delante de Dios en lugar de incorrección!

> *Tu presencia es un regalo para el mundo. Eres único y singular. No olvides, ni siquiera un solo día... ¡lo muy especial que eres!*

Comienza a hablar contra los sentimientos de culpabilidad y di: "Soy perdonado; por tanto, no soy culpable. Soy justo delante de Dios". Creo que compartí anteriormente que creemos más de lo que nos escuchamos decir a nosotros mismos que a otras personas, así que comienza a decir algo bueno y ahoga las otras voces que te condenan.

¡Pelea por ti mismo! Pelea la buena batalla de la fe y niégate a vivir por debajo del nivel en el que Jesús quiere que vivas. Su reino es justicia, paz y gozo (ver Romanos 14.17). No te conformes con nada menos.

La culpabilidad es enojo dirigido a nosotros mismos. ¿Detendrás el ciclo destructivo, darás un paso de fe y declararás: "Jesús llevó mis iniquidades y mi culpabilidad, ¡y soy libre!"?

Una actriz muy conocida ha dicho que ella no cree en la culpabilidad; cree en vivir por impulsos mientras lo que hace no cause daño a otras personas. Ella ha dicho: "Yo soy libre". Esta mujer vive para ella misma y hace exactamente lo que quiere, pero parece ser muy desgraciada. Aunque ella es un éxito en la pantalla, no es un éxito verdadero. Su idea es una idea muy mundana que nace del egoísmo, y es totalmente distinto a lo que yo hablo. Cuando decimos "soy libre", queremos decir que nuestra libertad fue comprada por la sangre y el sacrificio de Jesucristo. Vivimos sin culpabilidad porque Él pagó por nuestros pecados. Sin este conocimiento, no hay una vida verdaderamente libre de culpabilidad. Las personas pueden decir que son libres para hacer lo que quieran, pero una persona verdaderamente libre es libre para vivir en obediencia a Dios y refrenarse de hacer lo que quiere hacer si sabe que sus actos harán daño a alguien más.

De la agonía al éxtasis

Podemos aprender a controlar la culpabilidad conociendo la verdad de la Palabra de Dios y viendo algunas de las cosas por las que nos sentimos culpables de manera racional. Es normal y saludable sentirse culpable cuando hacemos algo malo, pero cuando continúa y se convierte en adictivo, tenemos un grave problema que no se irá sin confrontación.

El cristianismo no es una religión pasiva. Dios nos ha dado sus promesas, pero nosotros debemos hacer nuestra parte. Somos colaboradores de Él. ¡Nosotros creemos y Él obra! Debemos decir de verdad: "No seré un esclavo del sentimiento de culpabilidad". Estudia la Palabra de Dios sobre el tema de la justicia hasta que tengas revelación con respecto a quién eres en Cristo.

Nuestra confianza está en Él, no en nosotros mismos, nuestro aspecto, nuestra educación, nuestra posición laboral, nuestro grupo social o cualquier otra cosa terrenal. Nuestra dignidad y valor están en el hecho de que Jesús murió por nosotros. Dios te vio como un ser valioso, y por eso dio lo mejor que tenía. Él dio a su único Hijo para comprar tu libertad de la esclavitud del pecado y la culpabilidad.

Karla Faye Tucker tenía muchos motivos por los que sentirse culpable. A altas horas de la noche del día 13 junio de 1983, ella y su novio, que habían tomado muchas drogas, decidieron ir a "visitar" a Jerry Dean, un conocido que Karla sentía que le había ofendido. Dean estaba en su casa dormido en la cama, y durmiendo a su lado estaba una mujer a la que había conocido aquel día.

Tucker y su novio entraron en la casa y sorprendieron a la pareja que estaba durmiendo. Ella golpeó a Dean con una piqueta veintiocho veces y después procedió a ejecutar a su compañera. Tucker fue juzgada y condenada a pena de muerte. Durante los siguientes catorce años, ella vivió en el corredor de la muerte en la prisión federal de Huntsville, Texas.

Pero ese es sólo el comienzo de la historia.

Su caso atrajo la atención mundial, en parte debido a que ella era la primera mujer en ser ejecutada en Estados

Unidos desde antes de la Guerra Civil. El otro motivo por el que su caso tuvo amplia cobertura fue porque Tucker se había convertido en cristiana mientras estaba en la cárcel, y Pat Robertson y el Papa Juan Pablo se habían enterado de su extraordinaria obra con otras personas durante sus años de encarcelamiento. Los dos emitieron ruegos al gobernador a favor de su vida.

El 3 de febrero de 1998, Tucker fue llevada a la sala donde moriría mediante inyección letal. En sus momentos finales, ella dijo: "Me gustaría decir a la familia Thornton y a la familia de Jerry Dean que lo siento... ahora voy a estar cara a cara con Jesús. Les amo mucho a todos. Los veré cuando ustedes lleguen allí. Les esperaré". Según los testigos, ella parecía estar cantando suavemente mientras esperaba reunirse con su Señor.

Karla Faye Tucker era totalmente culpable. Era culpable de actos que son difíciles hasta de pensar. También fue redimida de su culpabilidad por Dios cuando aceptó a Cristo, y ella sabía eso. Podría haber pasado el tiempo que estuvo en la cárcel enfocándose en su culpabilidad; en cambio, pasó los años que le quedaban enseñando en grupos de estudio bíblico, ayudando a otras reclusas y alabando al Señor por su misericordia.

Si una asesina puede reconocer su culpabilidad, aceptar el perdón de Dios y seguir adelante, entonces también podemos hacerlo tú y yo. Aunque mi propia situación es mucho menos dramática que la de Karla Faye Tucker, yo tenía un inmenso problema con los sentimientos de culpabilidad. Tuve que pelear una verdadera batalla para finalmente ser capaz de decir "soy libre". Si yo puedo hacerlo, tú también puedes. Si cualquiera puede ser libre, tú puedes ser libre, así que no te conformes con nada menos. Vivir sin la constante compañía de la culpabilidad es un éxtasis; es maravilloso y está a disposición de todo aquel que cree.

Vivir libre de culpabilidad

Escuché una historia sobre un hombre que había estado defraudando en sus impuestos durante varios años. Comenzó a sentirse culpable, y finalmente la culpabilidad estaba evitando que pudiera dormir bien. Él escribió una carta al Departamento de Hacienda y les dijo que había estado defraudando en sus impuestos, e incluyó un cheque por 150 dólares. Además dijo que si seguía sin dormir bien, más adelante enviaría más dinero.

No hagas sólo lo suficiente de lo que es correcto para calmar los sentimientos de culpabilidad, sino en cambio toma la decisión de que vas a aprender a vivir libre de culpabilidad. Hay dos maneras de hacer eso. La primera y mejor es escoger lo correcto desde el principio, y entonces no hay razón alguna para sentirse culpable. O inmediatamente pide perdón a Dios cuando reconozcas que has pecado. No te quedes satisfecho sólo con luchar contra la culpabilidad cada día, sino estudia la Palabra de Dios y ora al respecto hasta que puedas decir genuinamente: "Ya no hay ninguna condenación para los que están unidos a Cristo Jesús" (Romanos 8.1).

Decisión y confesión: *No desperdiciaré mi vida sintiéndome culpable.*

13

Temor

El temor es una emoción que experimentamos con frecuencia. Cierto tipo de temor es saludable y nos mantiene alejados de los problemas. El temor a caminar entre el tráfico y el temor a poner la mano en el fuego son temores saludables. Podría ser mejor decir que esas perspectivas son sabiduría. Si una persona está sintiendo dolores en el pecho que se extienden hasta el brazo, debería tener temor a pasarlos por alto, pues es una advertencia de que puede que haya algo grave. Hay personas que invitan a los problemas porque no prestan atención al temor saludable. Pero algunos tipos de temor no son saludables, y sólo nos atormentan y evitan que hagamos progreso.

La lista de abrumadores temores que roban nuestra calidad de vida es interminable. ¿Cómo podemos experimentar libertad del temor atormentador? Yo creo que la única manera de vencer el temor es vivir con valentía. La valentía nos capacita para confrontar nuestro temor y negarnos a permitir que ese sentimiento nos gobierne. En realidad, se dice que la valentía es progreso en presencia del temor. Los sentimientos de temor son reales y pueden ser muy fuertes. El temor es una de las emociones negativas más poderosas que encontramos a lo largo de la vida. Cuanto más tiempo permitamos que los sentimientos de temor nos gobiernen, más fuertes se vuelven. Una persona gobernada por el temor se dice que tiene un espíritu de temor. En otras palabras, opera y toma la mayoría de decisiones sobre la base no de la fe, sino del temor. Quienes tienen un espíritu de temor son propensos a pensar lo peor que podría suceder en lugar de pensar lo mejor. La lista de "posibilidades" es interminable, y el temor a lo desconocido los deja paralizados e incapaces de realizar un sano progreso en la vida. Todos sentimos temor de vez en cuando, pero eso es bastante distinto a vivir con un espíritu de temor.

No creo que debiéramos consentir ningún temor que no sea saludable. Cuando sintamos con fuerza que debemos emprender cierta acción, quizá una acción que Dios nos esté guiando a emprender, y el temor intente detenernos, debemos "hacerlo con temor". He compartido este sencillo pero poderoso principio en algunos de mis otros escritos, pero me resulta imposible enseñar sobre el temor sin él. La confrontación normalmente es necesaria para la libertad. Satanás trabaja con mucho ahínco para robar la libertad que Jesús nos ha proporcionado, y debemos estar preparados para resistirle agresivamente en todo momento.

La mejor respuesta cuando sientas temor es decir enfáticamente: "No temeré". No puedo prometer que esa declaración hará desaparecer el sentimiento de temor, pero sí permite que el diablo sepa en qué punto estás, y es una manera de recordarte a ti mismo que tienes derecho a vivir con valentía, sin permitir que el temor te gobierne. Los sentimientos de temor se evaporarán poco a poco a medida que los confrontes, pero no es probable que se vayan por iniciativa propia. El temor es la herramienta número uno utilizada por Satanás para evitar que las personas estén en la voluntad de Dios y disfruten de la vida que Él ha proporcionado.

Hay miles de distintos temores, pero los principios con respecto a cómo derrotar el temor son los mismos sin importar qué tipo de temor estemos tratando. A continuación están algunos de los temores que prevalecen en las vidas de las personas.

Temores comunes

Uno de los temores más fuertes y más persistentes que las personas experimentan es el temor a no tener lo que necesitan. Queremos sentirnos seguros en cada área de la vida. Queremos estar seguros en nuestra creencia de que tendremos lo que necesitamos cuando lo necesitemos. Puede que tengamos temor a carecer de las finanzas o la compañía adecuadas, o a no tener la fuerza y la capacidad necesarias para lograr las cosas que necesitamos.

Puede que tu jefe requiera de ti que trabajes muchas horas para su beneficio a fin de poder hacer más dinero sin ofrecerte ningún beneficio a ti. Sus demandas te alejan de tu familia excesivamente, y te dejan cansado y agotado. Si es una persona controladora, probablemente sea diestro en utilizar tu temor a perder el trabajo para mantenerte obediente a sus demandas, pero necesitas tener límites en tu vida para tu propia protección.

También podemos tener temor a carecer de las respuestas que necesitemos cuando debamos tomar una importante decisión.

A pesar de cuál sea el temor, la Palabra de Dios dice que no debemos temer porque Él está con nosotros. Es así de sencillo: "No temas, porque yo estoy contigo" (Isaías 41.10). Él tiene todo lo que necesitamos y Él nos ama, así que como cualquier padre amoroso, Él proveerá para nosotros. Él ha prometido no dejarnos ni abandonarnos nunca. Él nunca duerme, está siempre presente, y nos vigila con amoroso cuidado.

Estoy segura de que eso trae a la mente la pregunta: *Si Dios está conmigo, ¿por qué me suceden cosas malas?* Dios nunca nos promete una vida libre de problemas, pero sí nos promete su presencia y la fortaleza (mental, física y emocional) que necesitamos para atravesar nuestros problemas. Esto me anima a recordar que aunque Daniel tuvo que entrar en la fosa de los leones, salió sin daño alguno. Sus amigos Sadrac, Mesac y Abed-nego tuvieron que entrar en el horno de fuego. Incluso tuvieron que soportar que el horno fuese calentado más de lo normal, pero apareció un cuarto hombre en el horno (Jesús) para estar a su lado, y finalmente ellos también salieron sin daño alguno. La Biblia incluso afirma que entraron en el horno atados y salieron desatados. ¡Fue en el interior del horno donde ellos fueron libres de su atadura! ¡Guau! La Biblia dice que cuando salieron, ni siquiera olían a humo (ver Daniel 3.27).

Quizá deberíamos dar más valor a las lecciones del horno. Yo he entendido que no sólo crecemos espiritualmente en nuestras pruebas, sino que crecemos mucho más de lo que lo haríamos nunca cuando todo va bien. Sin importar cuál sea el problema, podemos estar seguros de que "esto también pasará", y seremos más fuertes y conoceremos mejor a Dios cuando todo termine que antes de que comenzase.

> *Quizá deberíamos dar más valor a las lecciones del horno.*

Sí, les he dado autoridad a ustedes para pisotear serpientes y escorpiones y vencer todo el poder del enemigo; nada les podrá hacer daño. (*Lucas 10.19*)

Hace varios años, una amiga mía se realizó un chequeo rutinario y supo días después que su doctor tenía temor a que ella pudiera tener linfoma de no-Hodgkin, la forma más agresiva de la enfermedad. Fueron necesarias más pruebas, y le dijeron que podrían ser necesarias dos o tres semanas antes de poder llegar a un diagnóstico confirmado.

Le pregunté a mi amiga cómo atravesó aquellas semanas

de incertidumbre y si tenía temor. Ella me dijo: "Sí, tenía temor. Pero también sabía que cualquiera que fuese el resultado, no sería ninguna sorpresa para Dios". Entonces dijo otra cosa que podría resultarte útil, sea que tengas temor a una diagnosis, una posible pérdida de tu trabajo o cualquier otra cosa. Ella me dijo que entendió que si se preocupaba durante tres semanas y después se confirmaba que tenía linfoma, habría desperdiciado tres valiosas semanas de su vida. Y si se preocupaba durante tres semanas y después se confirmaba que no tenía linfoma, habría desperdiciado tres valiosas semanas de su vida. Dijo: "Lo creas o no, no perdí ni un minuto de sueño durante aquellos veintiún días".

Cuando finalmente le dieron los resultados, mi amiga supo que efectivamente tenía el linfoma. La operaron y soportó muchos meses de quimioterapia. Me agrada poder decir que diez años después, ella tiene una salud estupenda. Y no desperdició tres valiosas semanas.

Tengamos una nueva actitud

Creo que algunos creyentes en la actualidad son demasiado temerosos a los problemas y las pruebas. A la menor señal de problemas, comenzamos a estremecernos con temor. Los creyentes que vivieron en siglos pasados parecían tener una fortaleza diferente a la que la mayoría de nosotros tenemos en la actualidad. Estamos bastante acostumbrados a la comodidad, y normalmente no soportamos bien el sufrimiento de cualquier tipo; nos asusta. Recordemos cómo David se enfrentó al gigante Goliat, y alegrémonos en derrotar al temor en lugar de permitir que nos gobierne. Tú eres mucho más que tus sentimientos. Eres un poderoso, sabio y amado hijo de Dios, y puedes hacer cualquier cosa que necesites en la vida por medio de Cristo que te fortalece (ver Filipenses 4.13).

Puede que haya momentos en nuestra vida en que Dios nos permita atravesar grandes dificultades para capacitarnos para ministrar y consolar a otras personas que sufren. Si eso es lo que Dios permite en nuestra vida, entonces podemos estar seguros de que podemos porque Él promete no permitir que atravesemos más de lo que podamos soportar.

Considera la siguiente escritura:

Alabado sea el Dios y Padre de nuestro Señor Jesucristo, Padre misericordioso y Dios de toda consolación, quien nos consuela en todas nuestras tribulaciones para que con el mismo consuelo que de Dios hemos recibido, también nosotros podamos consolar a todos los que sufren. (*2 Corintios 1.3-4*)

Estos versículos hablan de aliento. Dios pone valentía en nosotros para que podamos navegar por la vida sin el atroz tormento del temor. Dios no me libró del abuso que experimenté en mi niñez cuando le pedí que lo hiciera, pero Él sí me fortaleció en medio de ello, y mi experiencia se ha convertido en una fuente de consuelo para muchos. Él no me libró de ello, pero me ha librado de sus efectos. Puedo decir junto con Sadrac, Mesac y Abed-nego que ciertamente hubo un cuarto hombre en mi horno de fuego, y he salido del horno sin ni siquiera oler a humo.

Dios promete una vida resucitada que nos levanta de entre los muertos incluso mientras estamos en el cuerpo (ver Filipenses 3.10). El apóstol Pablo afirmó que él estaba decidido a conocer a Dios y el poder de su vida resucitada. A pesar de lo que puedas estar atravesando en este momento, te aliento a tomar la decisión de que Dios te sacará de ello, y no tendrás que tener temor a la carencia en ningún área de tu vida porque Dios es fiel.

En cualquier momento en que comiences a dudar de que Dios estará a tu lado, lee la siguiente escritura:

Manténganse libres del amor al dinero, y conténtense con lo que tienen, porque Dios ha dicho: "Nunca te dejaré; jamás te abandonaré". Así que podemos decir con toda confianza: "El Señor es quien me ayuda; no temeré. ¿Qué me puede hacer un simple mortal?" (*Hebreos 13.5-6*)

Dios le dijo a Josué que guiase a los israelitas a la Tierra Prometida después de la muerte de Moisés. Josué había estado cerca de Moisés, y sin duda había visto de primera mano las dificultades que Moisés experimentó. ¿Sería él capaz de hacer lo que Moisés había hecho? ¿Podría soportar la incredulidad, la murmuración y las quejas del pueblo? ¿Era él lo bastante fuerte? ¿Respetaría el pueblo su liderazgo? Dios le recordó a Josué que al igual que Él estuvo con Moisés, estaría también con él. Entonces Dios le dijo a Josué varias veces que lo único que tenía que hacer era seguir avanzando. Dios nunca le prometió que no sentiría temor, sino que le dijo que confrontase su temor y lo dejase atrás. La palabra *temor* significa alejarse o huir de. ¿Cuán a menudo huimos de cosas en temor, cuando Dios claramente quiere que permanezcamos firmes y "lo hagamos con temor"?

Josué no podía permitir que el sentimiento de temor le gobernase, y tampoco nosotros podemos permitirlo. Dios tiene un buen plan para tu vida, pero Satanás usará el temor para hacer un esfuerzo para robar ese buen plan. Está en nuestras manos permitir que él tenga éxito o no. Deja de esperar a que todos tus sentimientos de temor se vayan y confróntalos con valentía en la fortaleza de Dios.

> *Cada noche entrego mis preocupaciones a Dios. De todos modos, Él va a estar despierto toda la noche.*
> Mary C. Crowley

Cada noche entrego mis preocupaciones a Dios. De todos modos, Él va a estar despierto toda la noche.
Mary C. Crowley

¿Estás desconectado?

No hay falta de potencia en el cielo. Dios nunca está en recesión. Su gracia es suficiente para satisfacer toda necesidad. ¿Qué es la gracia? Gracia es el poder del Espíritu Santo que viene a nosotros gratuitamente, capacitándonos para hacer con facilidad lo que nunca podríamos hacer por nosotros mismos. Podrías encontrar otras definiciones que afirman que gracia es el favor de Dios, y eso sin duda es verdad, pero fue importante para mí aprender que su gracia era el poder que yo necesitaba para vivir mi vida en victoria. La gracia sólo puede recibirse mediante la fe, y esa es una de las principales razones por las que debemos resistir el temor. Cuando permitimos que el temor nos gobierne, recibimos inconscientemente lo que Satanás ha planeado para nuestra vida en lugar de lo que Dios ha planeado.

La fe es nuestro enchufe a la gracia de Dios. Piensa en una lámpara. La lámpara puede dar luz sólo si está enchufada a una fuente de corriente eléctrica. Si está desenchufada, no funcionará, sin importan cuántas veces encendamos y apaguemos el interruptor. En una ocasión estaba yo en la habitación de un hotel intentando hacer funcionar una lámpara, y con frustración pensé: *¿Es que no pueden estos hoteles ni siquiera proporcionar una lámpara que funcione?* Entonces alguien del departamento de mantenimiento llegó a mi habitación, sólo para descubrir que la lámpara estaba desenchufada. Te pregunto otra vez: "¿Estás desenchufado?" ¿Has permitido que el temor robe tu fe? Si lo has hecho, no te preocupes. Tan sólo decide en este momento que vas a tener una nueva actitud, una actitud que esté llena de valentía, coraje y fe.

No podemos agradar a Dios sin fe, así que es razonable que debamos trabajar con el Espíritu Santo en todo momento para resistir el temor y permanecer llenos de fe.

Libera tu fe

No hay duda alguna de que el temor puede ser intenso y no algo que se pasa por alto con facilidad. Puede producir manifestaciones físicas de temblor, boca seca, pensamientos desbocados y sentimientos de pánico. Por tanto, el que yo te diga que lo ignores sería un poco ridículo. Pero puedo asegurarte que tu fe es mayor que cualquier temor que puedas experimentar.

La fe se da a todos los hombres, según Romanos 12.3, pero esa fe debe ser liberada para que haga algún bien práctico. Puede sonar espiritual decir: "Estoy lleno de fe", ¿pero estás usando tu fe? ¿Cómo liberas tu fe? Es tan sencillo que creo que con frecuencia lo pasamos por alto. La fe es liberada orando, diciendo y haciendo lo que Dios nos pida que hagamos. Tres pasos sencillos:

Orar

La mayoría de nosotros creemos que la oración es poderosa, así que esa siempre debería ser nuestra primera línea de defensa. Invitamos a Dios a que se involucre en nuestras situaciones mediante nuestras oraciones. La Biblia dice que mediante la oración de un hombre justo se pone a disposición un poder tremendo. Ya que a todos se nos ha dado la justicia de Dios mediante nuestra fe en Cristo, podemos acudir con valentía al trono de la gracia y por fe pedir ayuda para suplir nuestra necesidad (ver Hebreos 4.16).

No te limites a orar para que el problema se vaya, o para

obtener algo que necesitas o deseas, sino ora también para Dios te fortalezca durante tu período de espera. Ora para que tengas la gracia de esperar con una buena actitud. La Biblia nos enseña que cuando oramos, si creemos que hemos recibido y no dudamos, nuestra petición de oración será otorgada (ver Marcos 11.22-24). No dice que obtendremos lo que pedimos inmediatamente, pero lo tendremos. Yo creo que la actitud con la que esperamos determina parcialmente cuánto tiempo tenemos que esperar. Una buena actitud glorifica a Dios y es un buen testimonio de nuestra fe para otros.

Decir

Después de haber orado, es importante que hablemos como si creyésemos verdaderamente que Dios está obrando a nuestro favor. No tenemos que negar la existencia del problema, pero deberíamos hablar al respecto lo menos posible. También es muy importante incluir en nuestra conversación que creemos que Dios está involucrado y esperamos una victoria. ¡Aférrate a tu confesión de fe en Dios!

Podemos ser enchufados a una fuente de corriente, que nuestros cables se crucen y terminar fundiendo un fusible. Cuando hacemos eso, perdemos poder. ¿Qué quiero decir en términos prácticos? Cuando oramos y pedimos concretamente algo y entonces nos seguimos quejando, como si no hubiésemos orado, estamos haciendo un cortocircuito a nuestra fe. Una valoración positiva y una declaración negativa pueden llevarnos de nuevo a tener poder cero. Liberamos poder cuando oramos, y negamos poder cuando nos quejamos o hacemos cualquier tipo de declaración negativa y sin fe.

La buena noticia es que cuando quemamos un fusible podemos ir a la caja eléctrica y volver a poner en su lugar todo. Podemos regresar a Dios y redirigir nuestra fe y nuestra boca en la dirección correcta. No te sientas desesperanzado si has cometido algunos errores.

Hacer

El tercer ingrediente para liberar tu fe es hacer cualquier cosa que creas que Dios te está pidiendo que hagas. La obediencia es una clave para nuestra victoria y muestra que tenemos fe en Dios. Cuando Dios le dijo a Moisés que golpease la roca y saldría agua para que los israelitas pudieran beber, él no obedeció a Dios. Moisés estaba enojado, y golpeó la roca dos veces en lugar de una, tal como se le había dicho que hiciera. Dios le dijo a Moisés que no le honró delante de los israelitas haciendo exactamente lo que se le había dicho. La verdadera fe hace lo que Dios le pide que haga. Cuando la madre de Jesús le pidió que proporcionase más vino para la boda a la que asistían, ella se dirigió a los sirvientes y dijo: "Hagan lo que él les ordene". Ellos necesitaban un milagro para que el banquete de bodas procediera tal como se esperaba, y a fin de obtener el milagro, tenían que hacer exactamente lo que Jesús les dijera (ver Juan 2.1-11).

A veces, Él incluso nos pide que no hagamos nada, y

en ese caso, nada es lo que tenemos que hacer. La Biblia dice que estemos quietos y conozcamos que Él es Dios (ver Salmo 46.10). Eso es con frecuencia más difícil para mí que permanecer activa haciendo algo. La obediencia es una manera de liberar nuestra fe.

Si somos oidores de la Palabra y no hacedores, nos engañamos a nosotros mismos mediante un razonamiento que es contrario a la verdad (ver Santiago 1.22). La acción obediente es un requisito para los milagros. Jesús se encontró con un ciego que pidió sanidad. Él escupió en la tierra, hizo lodo y lo frotó sobre los ojos del hombre, y después le dijo que fuese a lavarse en un estanque de agua. El hombre podría haber puesto una excusa y haber dicho: "Jesús, soy ciego. ¿Cómo podré encontrar el agua? Y además, este método de escupir y poner lodo en mis ojos parece poco ortodoxo". Jesús era previsiblemente imprevisible. Él hacía cosas de modo diferente cuando trabajaba con personas diferentes. Yo creo que pudo haber sido para mostrar que el método no es lo importante. Lo importante es que confiemos y hagamos lo que Él dice.

No hay duda alguna de que llegará el temor, pero si sigues avanzando, no tendrá control sobre ti. Aunque el temor pueda estar hablándote, eso no significa que tengas que escuchar. Satanás utilizará el temor para robar nuestro destino si le permitimos hacerlo, pero nuestra fe tiene más poder que el temor cuando es liberada.

Mira el cuadro completo

Cuando nos enfocamos en lo que ha salido mal, puede comenzar a parecer que nada va bien nunca, pero eso sencillamente no es cierto. En mi vida han sucedido muchas cosas terribles: abuso en mi niñez, fracaso en mi primer matrimonio, cáncer de mama, histerectomía, migrañas durante diez años, pérdida de amigos y familiares al ser llamada al ministerio... y podría seguir y alargar más la lista, pero lo que quiero decir es que incluso con todo eso, mis buenos momentos han sobrepasado los malos. Mira tu vida en general en lugar de enfocarte en tragedias, pruebas y desengaños. Mirar lo bueno te dará valentía para tratar las cosas malas y evitar vivir en temor. En cada una de las situaciones que mencioné anteriormente yo sentí temor, pero las atravesé todas ellas con la ayuda de Dios. Entender eso me da valor para afrontar el futuro con valentía, sabiendo que verdaderamente todo lo puedo por medio de Cristo que me fortalece.

Temor a la ineptitud

Muchos de nuestros temores están arraigados en la inseguridad y la duda. ¿Qué piensas de ti mismo? Te aliento a que trabajes con el Espíritu Santo para verte a ti mismo del modo en que Dios te ve. No hay poder alguno sin confianza. ¿Tienes temor a que Dios no se agrade de ti? ¿Haces inventario regularmente de todas tus faltas, errores del pasado y debilidades, y después te sientes débil debido al temor? Si lo haces, entonces te estás enfocando en lo incorrecto.

Dios nos da su poder (gracia) para capacitarnos para hacer lo que sea necesario a pesar de nuestras debilidades. De hecho, la Biblia dice que su poder se perfecciona y se muestra mejor en nuestras debilidades. Dios escoge a propósito lo débil y lo necio del mundo para obrar por medio de ello de modo que le demos a Él la gloria de lo que se ha hecho. Dios quiere sorprender al mundo, y una de las maneras en que lo hace es logrando grandes cosas mediante personas que son débiles y no tienen la capacidad natural para completar la tarea que tienen entre manos (ver 1 Corintios 1.25-29).

Cuando Dios llamó a Moisés a sacar a los israelitas de Egipto y llevarlos a la Tierra Prometida, Moisés puso una excusa tras otra en cuanto a por qué no podía obedecer. Todas sus excusas estaban arraigadas en el temor. Sólo la fe agrada a Dios. En cierto punto, Dios se enojó tanto con Moisés que en realidad le amenazó con matarlo a menos que obedeciese. Él finalmente sí dio un paso de fe, que se manifestó en obediencia, y Dios le usó poderosamente.

Jeremías era un joven a quien Dios llamó a hacer grandes cosas, pero también él se acobardó con temor. Dios finalmente le dijo a Jeremías que si permitía que el temor a los hombres le gobernase, Él permitiría que fuese vencido y derrotado delante de ellos (ver Jeremías 1.17).

Yo experimenté mucho temor en cuanto a mí misma, así que si estás en ese lugar en este momento puedo asegurarte que sé cómo te "sientes". Pero te estoy alentando a recordar que tus sentimientos no comunican verdad; sólo la Palabra de Dios hace eso. Puede que sientas que no eres lo que debes ser, que eres extraño y poco común, pero la verdad es que todos hemos sido creados por Dios de manera única para un propósito especial, y deberíamos aprender a disfrutar en lugar de estar atormentados por todo tipo de temores de ineptitud.

Yo desperdicié algunos años intentando ser como otras personas que conocía, pero descubrí que Dios no nos ayudará a ser otra persona a excepción de nosotros mismos. Relájate, aprende a amarte a ti mismo, y no tengas temor a no ser capaz de hacer lo que necesitas hacer. La verdad es que ninguno de nosotros puede hacer lo que necesita hacer sin la ayuda de Dios. Si miramos solamente lo que creemos que podemos hacer, tendremos temor; pero si miramos a Jesús y nos enfocamos en Él, Él nos dará la valentía de seguir adelante incluso en presencia del temor.

Comienza hoy a manejar la emoción del temor, y progresarás hacia lo mejor que Dios tiene para ti.

Decisión y confesión: *Seré valiente y no permitiré que la emoción del temor me gobierne.*

CAPÍTULO
14

Manejar la pérdida

Me parece que lo único que estamos contentos de perder es peso, ¡e incluso ese es un proceso doloroso! Aparte de eso, la pérdida normalmente es devastadora. Pero nos guste o no, la pérdida es una parte ineludible de la vida, y todos la experimentamos. Durante esos momentos es cuando podemos experimentar algunas de las emociones más intensas. La palabra *pérdida* en sí misma se relaciona con frecuencia con importantes acontecimientos en la vida: la pérdida de un trabajo, un matrimonio o un ser querido. Pero la pérdida no está limitada a grandes crisis. Experimentamos muchas pérdidas, tanto grandes como pequeñas, en el curso de una vida normal. Nuestros hijos crecen y no nos necesitan del modo en que lo hacían. Nosotros envejecemos y ya no podemos seguir el ritmo que solíamos seguir.

La escala Holmes y Rahe, que mide el impacto de los acontecimientos importantes en la vida sobre la salud,

incluye cuarenta y un acontecimientos que desencade-
nan gran estrés. Cada acontecimiento recibe un número
de puntos, y cuando la suma de esos puntos llega a 150 o
más, el riesgo de enfermedad aumenta de modo dramático.
Es interesante notar que ocho de los diez acontecimientos
principales son pérdidas; las dos únicas excepciones son el
matrimonio y la reconciliación matrimonial.

Incluso la jubilación, que normalmente es una época
maravillosa de la vida, implica la pérdida de una rutina
de décadas, un salario regular y a veces un sentimiento de
propósito.

Acontecimiento de la vida	Puntos de estrés
1. Muerte de un cónyuge	100
2. Divorcio	73
3. Separación matrimonial	65
4. Encarcelamiento	63
5. Muerte de un familiar cercano	63
6. Herida o enfermedad personal	53
7. Matrimonio	50
8. Despido del trabajo	47
9. Reconciliación matrimonial	45
10. Jubilación	45

Lo que pone aparte a la pérdida de otras situaciones es que
muchas pérdidas son permanentes, y aunque una pérdida
puede que algún día sea seguida por otra cosa que es buena,
la pérdida en sí misma no puede revertirse. Cuando una

amistad termina, puede que encuentres otro amigo y disfrutes de las mismas actividades de las que disfrutabas con tu viejo amigo, pero la amistad original se ha perdido para siempre, a menos que esa amistad pueda ser reconciliada. No puedes recordar con tu nuevo amigo las estupendas vacaciones que las dos familias pasaron juntas o la ocasión en que los dos comieron en un restaurante y después se dieron cuenta de que ninguno había llevado la cartera.

Cuando un matrimonio termina, ya sea por causa del divorcio o la muerte, esa unión se va para siempre. Aunque puede que te cases de nuevo y encuentres una gran alegría, quizá mayor que antes, las cosas especiales que hicieron única la relación con tu primer cónyuge son cosas del pasado. Aunque los recuerdos te darán alegría, son un pobre sustituto de lo real.

Cuando una persona pierde su empleo, aunque consiga otro mejor más adelante, el aguijón de haber sido "despedido" sigue estando ahí durante mucho tiempo.

Atraviésalo, no lo rodees

En su libro *A Grace Disguised: How the Soul Grows Through Loss*, Jerry Sittser describe su experiencia después de que su esposa, su madre y su hija menor murieran en un trágico accidente de tráfico. En un segundo, él perdió a su madre, su compañera y su hija.

Batallando para afrontar la tragedia en la que había sido introducido, una noche tuvo un sueño. Él iba corriendo hacia el oeste, intentando llegar a la puesta de sol y sentir su calidez y su luz. Pero estaba perdiendo la carrera. El sol iba siempre delante de él, dirigiéndose hacia el horizonte. A pesar de lo rápido que él corriera, el sol mantenía su distancia. En el sueño, él perdió la esperanza y se derrumbó en la oscuridad.

Más adelante, estaba describiendo el sueño a un amigo, quien le señaló que la manera más rápida de alcanzar el sol y la luz del día no es dirigirse hacia el oeste, persiguiendo al sol que se pone, sino dirigirse hacia el este y meterse en la oscuridad hasta que el sol salga.

Él dijo: "En ese momento descubrí que yo tenía la capacidad de escoger la dirección hacia donde iría mi vida, incluso si la única opción abierta para mí, al menos inicialmente, era huir de la pérdida o afrontarla lo mejor que pudiera. Como yo sabía que la oscuridad era inevitable e ineludible, decidí... entrar en la oscuridad en lugar de intentar sobrepasarla".

La buena noticia es que hay algo esperándote al otro lado de la pérdida. Puede que sea un trabajo diferente, puede que sea un cónyuge diferente, o puede que sea una nueva capacidad para solidarizarte con otros que estén experimentando una situación parecida a la tuya. Pero sí tienes elección. Puedes atravesar tu pérdida y salir al otro lado. La decisión de avanzar no elimina los sentimientos que sentimos, pero las emociones se calmarán a medida que pase el tiempo. Es importante no permitir que nuestras emociones nos controlen durante la pérdida. Es mejor no tomar decisiones precipitadas o realizar cambios repentinos hasta que hayamos tenido la oportunidad de ajustarnos mentalmente a la pérdida.

Las etapas de la pérdida y el dolor

Elisabeth Kübler-Ross fue la primera en reconocer que hay patrones de respuesta a la pérdida cuando estudió las experiencias de muerte de personas en los años setenta. Ella aprendió que la mayoría de personas atraviesan fases similares cuando experimentan una importante pérdida, y aunque no todo el mundo pasa por todas las etapas, sus descubrimientos proporcionan un buen mapa de ruta de lo que esperar cuando sufrimos una pérdida. Hablaremos de cada una de las cuatro etapas del dolor:

1. Conmoción y negación

Susan había sido gerente del servicio de atención al cliente en una gran organización de servicios durante nueve años. En su trabajo, había ido ascendiendo en la empresa desde que tenía veintiún años, recibiendo buenos informes y ascensos regulares a lo largo del camino. Como gerente, había ideado una manera de limitar el tiempo de espera de los clientes al teléfono hasta quince segundos o menos, y había aumentado la eficiencia de su departamento en un treinta por ciento.

Ella estaba en mitad del trabajo en un programa piloto que eliminaría por completo las respuestas grabadas a las llamadas de los clientes, y operadores reales estaban ayudando en cada llamada.

El negocio aún seguía mal debido a la recesión, pero los informes estaban comenzando a decir que la economía estaba dando un giro y las cosas empezaban a mejorar.

Era una tarde normal de cualquier jueves, y el día de trabajo estaba llegando a su fin. Cuando su jefa llamó a Susan a su oficina para su reunión semanal, Susan estaba lista para producir las últimas cifras, que seguían mejorando, y posiblemente charlar unos minutos con su jefa acerca de sus hijos, que estaban en el mismo curso académico.

En el instante en que entró en la oficina de Renee, Susan pudo sentir que no habría conversación aquel día. Renee parecía triste. Le ofreció a Susan una taza de café y después le dijo que la empresa estaba haciendo recortes; que habían hecho todo lo posible para recortar su presupuesto, pero seguían perdiendo dinero. Cuatro gerentes iban a perder sus empleos y, desgraciadamente, Susan era uno de ellos. Ella podía terminar algún trabajo pendiente al día siguiente y despedirse de sus colegas. Renee lo sentía mucho; no tenía nada que ver con el rendimiento de Susan, sino con intentar mantener a flote la empresa. Susan salió de la oficina de su jefa sorprendida. Al principio no podía creerlo. Seguramente sería un sueño.

En un momento la vida es buena; al siguiente, el mundo se ha puesto bocabajo y entran la conmoción y la sorpresa.

Dios nos ha creado de tal manera que nuestro cerebro nos protege mucho. El cerebro entiende que a veces sencillamente no podemos digerir la realidad de un gran cambio; sería demasiado abrumador absorber todo en un instante; por tanto, se niega a permitir que entendamos el pleno impacto enseguida. A mí me gusta decir que Dios nos ha creado con amortiguadores, al igual que un auto los tiene, que suavizan el impacto cuando nos golpeamos con un gran bache en la carretera. Durante esta etapa, uno se siente anonadado, como si estuviera caminando dormido. Puede que a veces te quedes mirando las paredes, incapaz de enfocarte ni realizar tareas cotidianas. De repente, meneas tu cabeza y le dices a nadie en particular: "Sencillamente no puedo creerlo".

2. Tristeza

Cuando la conmoción ha comenzado a calmarse, llega la tristeza. A veces el dolor es tan intenso que sale a la superficie con síntomas físicos. Pueden producirse fatiga, insomnio, pérdida de apetito e incluso dolor en el pecho. Olas de tristeza te sobrepasan como si fueran la marea del océano. Justamente cuando pensabas que te sentías mejor, llega otra ola que rompe contra ti. Leer los Salmos puede ser muy consolador en momentos como esos.

3. Enojo

Esta es la etapa del "¿Por qué yo?" Susan pensó una y otra vez: *¡No es justo!* Ella había trabajado duro y había hecho un estupendo trabajo para su empresa. Seguramente habría otro modo en que pudieran haber economizado sin prescindir de su trabajo. ¿Por qué no se habían ocupado lo suficiente de encontrar un modo de mantenerla en su puesto?

Lo creamos o no, el enojo es una parte valiosa del proceso de sanidad. Contrariamente a la tristeza, que es agotadora, el enojo nos da energía y nos impulsa a seguir adelante.

"Si se enojan, no pequen". No dejen que el sol se ponga estando aún enojados. (*Efesios 4.26*)

Creo que el enojo es uno de los sentimientos más malentendidos que experimentan los cristianos. Muchas personas creen que no es cristiano enojarse, pero la Biblia no nos dice que no nos enojemos. El enojo justo es normal, inevitable e incluso sano. Pero cuando el enojo burbujea y se cuece en nuestro interior, crea todo tipo de estragos en nuestra mente y nuestro cuerpo. Eleva nuestra presión sanguínea y puede causar úlceras.

La Biblia sí nos dice que no permitamos que el sol se ponga sobre nuestro enojo. En otras palabras, es mejor tratar el enojo rápidamente y de modo decisivo, y no permitir que controle nuestros actos.

> *Muchas personas creen que no es cristiano enojarse, pero la Biblia no nos dice que no nos enojemos.*

¿Estás enojada porque tu esposo perdió su empleo? ¿Porque tu madre está perdiendo su salud y su fortaleza? ¿Porque tu amigo murió? Está bien. Enójate. Pero enójate y no peques. No culpes a

Dios. No hables mal de aquel jefe que tenías. Grita y lanza un par de almohadas (preferiblemente mientras no haya nadie en casa). Después sigue adelante, porque aunque tu enojo es natural, no va a cambiar la situación. Te aliento encarecidamente a que hables con Dios abiertamente durante toda la crisis. Dile que estás enojado y pídele que te ayude a manejar tu enojo de manera apropiada.

4. Depresión

Después de que la conmoción, la tristeza y el enojo hayan seguido su curso, puede llegar la depresión. Durante la depresión, el sentimiento general de esperanza para el futuro se ha perdido. Las actividades de la vida parecen inútiles, y la persona normalmente se aleja de la relación con amigos y familia. Esta es una respuesta normal a la pérdida, pero si persiste por demasiado tiempo, puede ser buena idea visitar a un consejero que trate específicamente la crisis experimentada durante una importante pérdida, o hablar con alguien que haya experimentado lo mismo. Un buen amigo nuestro que es pastor experimentó la muerte de un hijo que fue electrocutado bajo la plataforma en la iglesia. Para empeorar aún más las cosas, el accidente fue resultado de un mal cableado que fue instalado por uno de los miembros de su iglesia. Él y su esposa necesitaron mucho tiempo para recuperarse de su pérdida, pero ahora ayudan a muchas otras personas que han experimentado la pérdida de un hijo.

La mayoría de las veces, la depresión que surge por la pérdida se disipará gradualmente a medida que entre en escena la siguiente etapa. En los Salmos, David hablaba abiertamente sobre el sentimiento de depresión; sin embargo, se negaba a permitir que la emoción le controlase (ver Salmo 42.5-6, 11; 43.5). Me gustaría decir otra vez: ten mucho cuidado con tomar decisiones importantes durante una depresión inducida por la tristeza. Es probable que cualquier decisión sea influenciada por el modo en que te sientes en el momento, y puede que no sea lo que querrás cuando hayas tenido tiempo para sanar.

5. Aceptación y esperanza

Después de que Susan perdiera su empleo, atravesó las etapas de tristeza a lo largo del curso de varias semanas. Lentamente, comenzó a salir de sus sentimientos de conmoción y desesperación, y entendió que el mundo no se acababa. Aunque ella estaba muy orgullosa de sus logros y su identidad como gerente del servicio al cliente, entendió que su empleo, aunque importante, era sólo una faceta de quién era ella. Seguía siendo esposa, madre, hija y amiga. No había perdido su talento, su disciplina ni sus capacidades; tan sólo tenía que utilizarlas en alguna otra parte. Puso al día su currículum y comenzó a buscar otro empleo.

Necesitó algunos meses, pero Susan pudo encontrar otro puesto que utilizaba sus capacidades... y su nueva empresa tenía una política de vacaciones más generosa.

Cuando habían pasado dos meses, Susan estaba felizmente instalada en su nuevo empleo.

Creo que cuando se produce una importante pérdida, no hay lugar para ella en nuestro pensamiento. Es tan sorprendente y doloroso que sencillamente no sabemos cómo pensar al respecto. Cuanto mayor es la pérdida, más tiempo puede ser necesario para sanar. El tiempo nos permite llegar a ajustarnos mentalmente a las cosas como son ahora, y finalmente podemos hacer planes para el futuro.

Cómo sanar

> No puedes evitar que las aves de la tristeza
> vuelen sobre tu cabeza, pero puedes evitar
> que construyan nidos en tu cabello.
> *Proverbio chino*

Mi amiga Lauren no se casó hasta que tuvo cuarenta y cinco años de edad. Ella bromeaba a menudo diciendo que cuando conoció a su futuro esposo, tenía más oportunidad de contemplar a Elvis que de conocer al amor de su vida. Sin embargo, pronto se hizo claro que Bob era ciertamente el amor de su vida; ella le llamaba "su regalo de Dios". ¡A veces era difícil creer que cualquiera pudiera tener un matrimonio tan maravilloso!

Hace poco más de un año, Bob fue al hospital para que le realizaran una cirugía de vesícula rutinaria. Se había sentido muy cansado y agotado durante varios meses, y Lauren tenía esperanza en que después de la cirugía él recuperaría su energía y se sentiría mejor que nunca. Un par de días después de regresar a su casa del hospital, estaba claro que algo seguía estando mal en Bob. Lauren le llevó otra vez al hospital, donde encontraron una infección "gigantesca". Aunque era grave, había antibióticos que podían tratarla, y le dijeron a Lauren que Bob probablemente podría regresar a su casa en un par de días.

> *No puedes evitar que las aves de la tristeza vuelen sobre tu cabeza, pero puedes evitar que construyan nidos en tu cabello.*
> Proverbio chino

A la mañana siguiente, el teléfono de Lauren sonó a las 6:00 de la mañana. Era del hospital, llamando para decirle que Bob había pasado a "código azul" dos veces durante la noche, y necesitaba una importante operación de emergencia para salvarle la vida. Él sobrevivió a la operación, pero la infección ya había atacado todos sus órganos principales. Durante un mes estuvo a las puertas de la muerte, capaz de comunicarse sólo una vez con Lauren, cuando abrió sus ojos y musitó las palabras "te quiero". Después de treinta y un días en cuidados intensivos, Bob murió.

Lauren quedó devastada. Había esperado mucho tiempo para casarse, y a la edad de 55 años era viuda, después de sólo diez años de matrimonio.

Recientemente estuve con Lauren y le pedí que me hablase de su experiencia durante el año siguiente a la muerte de Bob. ¿Cómo se las arregló? ¿Qué hizo la gente que fuese útil? ¿Qué no fue útil? Le pedí que diese a mis lectores parte del beneficio de su experiencia de tristeza. Aunque su experiencia es con la muerte, he observado que cada punto se aplica a muchos tipos de pérdida. A continuación están algunas de las cosas que ella compartió.

1. Seguir respirando

Lauren me dijo que después de la muerte de Bob, ella no podía imaginar pasar el resto de su vida sin él. Se decía a ella misma que tan sólo necesitaba pasar el próximo año, que sería el más difícil, pero eso era demasiado abrumador. Poco a poco, ella siguió reduciendo la cantidad de tiempo que necesitaba atravesar a fin de lograrlo. Un mes era demasiado; incluso una semana o un día se sentía como demasiado. Finalmente, entendió que lo único que tenía que hacer en cualquier momento dado era tan sólo seguir respirando, y finalmente lo lograría. "Seguir respirando" se convirtió en su lema.

Recuerdo una ocasión en que yo experimenté una importante pérdida, y decía: "Levántate y pon un pie delante del otro". Sentía que tan sólo necesitaba seguir moviéndome para no hundirme en la desesperación que sentía.

2. No tomar ninguna decisión importante ni hacer cambios durante un año

Cuando Bob murió, Lauren quería huir. Bob había empleado dos años renovando amorosamente su casa, y a todas partes donde Lauren miraba, veía evidencia de Bob. De hecho, a veces se había referido a su casa como la carta de amor de Bob para ella. Ella tenía temor a que la casa se convirtiera más en una cárcel que en un hogar. Lauren también había estado pensando en cambiar de trabajo durante el año anterior. Se encontró pensando en dejar su trabajo y mudarse a otra ciudad. Quizá era momento de comenzar de nuevo.

Al principio, Lauren decidió no hacer nada durante un año. Se quedó en la casa y siguió trabajando, y cuando pasó el año, descubrió que su casa era un lugar cómodo lleno de maravillosos recuerdos. Finalmente dejó su trabajo, pero para entonces sus ideas estaban más claras, y fue capaz de realizar una suave transición a un ambiente de trabajo que era mejor para ella.

3. Llorar

Está bien llorar. De hecho, llorar es bueno para ti. El doctor William Frey, un bioquímico muy respetado, dirigió un equipo de investigación que estudió las lágrimas durante quince años. Ellos descubrieron que las lágrimas derramadas por razones emocionales están formadas por productos químicos distintos que las lágrimas que están causadas por irritantes o por pelar cebollas. Las lágrimas emocionales contienen toxinas del cuerpo que las lágrimas generadas por las cebollas no contienen. Llegaron a la conclusión de que los productos químicos que se acumulan en el cuerpo durante los momentos de estrés son eliminados del cuerpo dentro de las lágrimas de tristeza. No sólo eso, sino que también contienen elevadas cantidades de una hormona que es uno de los mejores indicadores de estrés. Suprimir esas lágrimas en realidad contribuye a las enfermedades físicas que se ven agravadas por el estrés, incluyendo alta presión sanguínea, problemas de corazón y úlceras pépticas. ¿Y sabías que sólo los seres humanos pueden llorar? Todos los animales producen lágrimas para lubricar sus ojos, pero solamente las personas lloran cuando están tristes.

Lauren me dijo que durante los primeros meses de la tristeza, ella rutinariamente entraba en su auto y hacía un "viaje de llanto". Subía las ventanillas, conducía por la autopista y se permitía gritar y llorar (no nada preocupante, decía ella; siempre podía ver la carretera). Me dijo que la liberación emocional y física era palpable, y que siempre sentía cierto alivio cuando regresaba a su casa. Después de cada gran llanto (en la carretera o en su casa), Lauren se decía a sí misma que estaba un llanto más cerca de la sanidad, lo cual le hacía sentir que estaba haciendo progreso.

4. Darse un respiro

Muchos de nosotros tenemos tendencia a poner los intereses de otras personas por delante de los nuestros. Lauren entendió que era muy importante para ella estar más relajada de lo normal y cuidarse. Decidió darse un masaje cada semana y ser buena con ella misma en general. Si no tenía ganas de limpiar la casa un sábado o de llevar un plato preparado a la comida compartida en la iglesia, no lo hacía. Intentaba no criticarse a sí misma por no ser una súper mujer. Compraba flores naturales y se hacía la manicura. Darse permiso a sí misma para estar relajada le ayudó a atravesar aquellos difíciles primeros meses.

5. Ocuparse de la salud

Los investigadores han aprendido que tratar la muerte de un ser querido requiere la misma cantidad de energía que un trabajo a jornada completa. Eso significa que si estás trabajando, ¡entonces tienes dos trabajos a jornada completa! Otras grandes pérdidas son casi igual de debilitantes. Es fácil meterse en hábitos que son difíciles para la salud, como comer mal, irse a dormir tarde, e incluso descuidar la higiene personal como el cepillado de los dientes. Haz todo lo posible por descansar; duerme siestas. Intenta ocuparte de tu salud... enfermarte solamente empeorará tus desafíos.

6. Encontrar alguien con quien poder hablar

Ya sea que confíes en amigos que estén a tu lado a la larga o te unas a un grupo de apoyo, es vital asegurarte de no intentar "ser fuerte" por ti mismo. Enseguida sabrás en quién puedes confiar. A pesar de todo, es muy importante poder hablar con libertad con otros que entienden la magnitud de tu pérdida. Lauren fue afortunada por tener buenos amigos con quienes podía expresar (casi) todo lo que había en su mente. También se unió a un grupo de apoyo cristiano en línea llamado Grief Share (www.griefshare. org), que envía correos electrónicos diariamente llenos de útil aliento y perspectivas.

7. Ningún lamento

Aunque Lauren y Bob se querían el uno al otro, a ella le perseguía una breve conversación que tuvo lugar no mucho tiempo antes de que Bob se enfermara. Él le había dicho que extrañaba oírla tocar el piano. Cansada por un largo día en el trabajo y aún recogiendo después de la cena, Lauren respondió: "¿Y cuándo exactamente podría tener tiempo para hacer eso?" Con sus buenos modales de siempre, Bob no dijo nada, y Lauren olvidó su comentario hasta después de la muerte de Bob. Pero cuando lo recordó, con frecuencia pensaba en aquella áspera frase y comenzaba a llorar. *¿Por qué había sido tan mezquina con el hombre que la quería incondicionalmente?* Finalmente, comenzó a entender que ella era tan sólo humana; que aquel día estaba cansada e impaciente, y no tenía idea alguna de lo que le esperaba muy pronto. Bob no querría que ella se flagelase por eso, y sin duda no mientras estaba en la agonía de la tristeza. Él querría que ella pensase en el amor que habían compartido y en los recuerdos felices que habían construido a lo largo de los años.

El lamento no es un sentimiento muy útil. No se puede deshacer lo que ya está hecho, pero puedes obstaculizar tu sanidad y hacerte enfermar. Aprende de tu error del pasado y decide no repetirlo. Después déjalo ir.

8. Recordarse a uno mismo que no siempre se sentirá así

Hay dos versiones de una vieja historia sobre un antiguo rey que llamó a sus consejeros y sus sabios y les planteó un desafío. Una versión dice que les pidió que resumieran la sabiduría del mundo. La otra versión dice que el rey ordenó a sus sabios que inventasen una frase que siempre fuese cierta, sin importar cuál fuera la situación. En ambas versiones de la historia, la frase que cumplió con el requisito del rey fue: "Esto también pasará".

> *Aprende de tu error del pasado y decide no repetirlo. Después déjalo ir.*

Lauren se recordaba a sí misma frecuentemente que las cosas cambiarían. Ese cambio podría ser lento, pero ella no siempre sentiría aquel terrible dolor. Me dijo que está haciendo progresos. Ya no llora tanto como lo hacía, ahora disfruta de cosas que por mucho tiempo no le habían interesado y, lo más importante, tiene esperanza para el futuro.

9. Escribir al respecto

Considera escribir un diario. Hay algo en la escritura que nos ayuda a solucionar los problemas. Quizá se deba a que tu diario es uno de los pocos lugares en que no tienes que censurarte ni preocuparte por ninguna reacción a tus palabras. Es también una crónica de tu viaje que te hará un buen servicio. A medida que lo leas, puedes obtener una perspectiva objetiva de los progresos que hayas hecho. Lauren no había entendido que estaba dando grandes pasos hasta que leyó lo escrito en varios meses y observó que ella ya no daba vueltas y vueltas durante horas antes de quedarse dormida. Ser capaz de ver el progreso de la sanidad en blanco y negro te ayudará a entender que ciertamente estás avanzando.

10. Perdonar

Personas con buena intención dirán cosas que te molestarán o te ofenderán. El día después del primer aniversario de la muerte de Bob, una de las compañeras de trabajo de Lauren se acercó a ella y dijo: "Bueno, ya ha pasado un año; ¿estás bien ahora?" Lauren quería decir: ¡No! ¡No estoy bien! Pero sabía que su compañera estaba haciendo todo lo posible por tener empatía y ser alentadora. Por tanto, sonrió y dijo: "Estoy mejorando, gracias". Recuerda que aunque no siempre digan lo correcto, las personas intentan ser de apoyo. Puedes ser amable y apreciar sus intenciones, aunque no siempre lo hagan con éxito.

Si el injusto trato de alguien causó la pérdida que has experimentado, asegúrate de perdonarle por completo. Sentir odio y falta de perdón es como beber veneno y esperar que mate a tu enemigo. Todos los sentimientos de amargura que experimentamos cuando somos tratados injustamente sólo nos dañan a nosotros mismos, y no a la persona que nos hirió.

11. Recordar que sigue habiendo cosas por las que estar agradecido

Finalmente, Lauren me dijo que una de las cosas más sanadoras que hizo después de la muerte de Bob fue recordar ser agradecida por las cosas buenas que seguía teniendo. Cada mañana de camino al trabajo, ella oraba. Al principio, sencillamente le decía a Dios cómo se sentía. Un día se le ocurrió que lo único que estaba haciendo era quejarse, y que Dios debía de estar aburrido y molesto. Por tanto, le dio gracias por haberle dado a Bob durante diez años. Eso lo cambió todo. Pensó en más cosas por las que estaba agradecida: todos los maravillosos recuerdos que tenía; el hecho de que, de entre todas las personas del mundo, Dios la hubiera escogido *a ella* para dársela a Bob. Entonces le dio gracias por su casa; por el cielo azul, la fresca brisa y las flores rosas. Antes de que se diera cuenta, Lauren estaba pasando más tiempo en oración dando gracias a Dios que quejándose ante Él. Y también se sentía mejor.

12. Confiar en el consuelo de Dios

Los justos claman, y el Señor los oye; los libra de todas sus angustias. El Señor está cerca de los quebrantados de corazón, y salva a los de espíritu abatido. (*Salmo 34.17-18*)

Lauren me dijo que cree que Dios se lamenta con nosotros cuando sufrimos una gran pérdida. Yo creo que ella tiene razón. Después de todo, cuando Jesús nos enseñó a orar, nos dijo que llamásemos a Dios "Abba", que se traduce mejor como "Papi". ¿Qué papá no se duele cuando su pequeño regresa a su casa derrotado después de haber perdido en su partido? ¿Qué madre no siente que se le rompe el corazón cuando su pequeña regresa a su casa de la escuela tras haber recibido burlas en el parque? En el patrón general de las cosas, esas son pérdidas y heridas diminutas, y los padres lo saben. Pero, sin embargo, el dolor de ver a un hijo sufrir es penetrante.

Inmediatamente después de enseñar a los discípulos a orar lo que conocemos como el Padrenuestro, Jesús preguntó: "¿Quién de ustedes, si su hijo le pide pan, le da una piedra? ¿O si le pide un pescado, le da una serpiente?" (Mateo 7.9-10). En otras palabras, debido a que Él es nuestro Padre, Dios sufre cuando nosotros sufrimos. Sea cual sea la razón, Él escoge mantener al mínimo sus milagros en esta época. Por tanto, aunque Él podría cambiar nuestras circunstancias, lo más frecuente es que no lo haga. Pero cuando ve a su hijo sufrir, también Él sufre.

> *Cuando estés sintiendo pérdida y tristeza, pide a Dios que te mantenga en la palma de su mano*

Cuando estés sintiendo pérdida y tristeza, pide a Dios que te mantenga en la palma de su mano, que te susurre su consuelo y acaricie tu cabeza, como un padre que mima a su hijo enfermo. Puede que *sientas* o no ese consuelo, pero la Palabra de Dios es verdadera, y también Él lo es.

Cómo ayudar a un amigo que ha sufrido una pérdida

Lo creas o no, es muy fácil ayudar a un amigo que haya sufrido una pérdida. Tendemos a querer ofrecer una solución al sufrimiento de nuestro amigo, pero lo que realmente necesita y quiere es comprensión.

En una ocasión, cuando me dirigía a un funeral le dije a Dios que sencillamente no sabía qué decir a la persona, y Él dijo: *Sólo necesita que te sientes a su lado.* Durante las pérdidas dolorosas, la persona necesita alguien que le escuche hablar de la pérdida y de lo que siente, y con frecuencia es mejor no intentar dar consejos porque la mayoría de lo que digamos de todos modos no ayudará.

Una amiga mía experimentó la muerte de su hijo pequeño. Me pidió que me reuniese con ella y, desde luego, yo quería ayudarla pero observé que la mayoría de los consejos que yo le daba le hacían sentir enojada o a la defensiva. Al principio yo me ofendí, pero después entendí que su dolor era demasiado intenso para permitirle escuchar consejos; ella necesitaba alguien que le escuchara y sencillamente le dijera que podría atravesar la tragedia.

A continuación hay algunas cosas buenas que decir, y algunas cosas que *no* hay que decir. Pero lo más importante a recordar es lo siguiente: lo que digas no es realmente importante. Lo importante *es* estar ahí al lado de tu amigo. Cuando tengas duda, tan sólo di: "¿Cómo estás?" Lo demás seguirá desde ahí.

Cosas buenas que decir

- "No puedo imaginar cómo te sientes, pero quiero que sepas que siento mucho que estés pasando por todo esto".
- "En cualquier momento en que quieras hablar, estaré ahí. Puede que no sepa qué decir, pero escucharé con amor".
- "¿Cómo estás?"
- "Desearía que no hubieras tenido que pasar por esto".
- "Quiero que sepas que estoy orando por ti".

Qué no decir

- "Sé cómo te sientes".
- "Es momento de seguir adelante con tu vida".
- "Tú eres fuerte... puedes manejarlo".

Qué hacer

1. Enviar una tarjeta

Una tarjeta de condolencias es un regalo. Es un regalo aún mejor si añades una o dos líneas manuscritas. No tiene por qué ser larga. Sólo una frase sincera diciendo algo como lo siguiente será como bálsamo sobre una herida: "Sé que este es un momento terriblemente difícil para ti, y quiero que sepas que estás especialmente en mis pensamientos y mis oraciones en este momento".

Si conocías a la persona que murió, un breve recuerdo es muy consolador. Por ejemplo: "Recuerdo la hermosa sonrisa de Tom... Él sabía cómo hacerme sentir muy especial siempre que hablaba".

Si tu amigo ha perdido un empleo o su salud, una tarjeta es una maravillosa manera de mostrarle tu interés.

2. Agarra el teléfono, especialmente más adelante

A unas semanas de un funeral, la ola inicial de condolencias por quienes sufren se pasa. Entonces los días se hacen más largos y solitarios. La mayoría de personas regresan a sus vidas y la persona que sufre se queda sola. De repente, el buzón de correos vuelve a tener las facturas y catálogos usuales, y el teléfono está en silencio. Una breve llamada telefónica para decir "He estado pensando en ti. ¿Cómo estás?" será un regalo para tu amigo que nunca olvidará. Hazlo de vez en cuando; cualquier momento es bueno.

3. Tocar a tu amigo

Cuando veas a la persona que sufrió la pérdida, puedes darle consuelo por medio del toque físico. Toma su mano y apriétala amablemente; dale un cálido abrazo o sencillamente unas palmaditas en la espalda. El toque amoroso es una de las maneras en que mostramos amor.

Decisión y confesión: *Con la ayuda de Dios, me recuperaré de mi pérdida y seré agradecido por lo que sigo teniendo.*

Libertad del desánimo y la depresión

¿Qué es la depresión? El diccionario dice que es "el acto de presionar hacia abajo; un estado bajo. Un lugar hundido, hundimiento del espíritu; estado de tristeza; falta de valentía o fortaleza".

Las personas que están deprimidas pierden el interés en cosas que anteriormente disfrutaban, y con frecuencia experimentan cambios en los hábitos de sueño o de alimentación. Se sienten indignadas o son incapaces de concentrarse. Puede que se sientan solitarias y desesperanzadas. Yo creo que el sentimiento de depresión es uno de los peores sentimientos que hay. Puedo decir sinceramente que si tuviera elección entre el dolor emocional de la depresión o algún tipo de dolor físico, preferiría el dolor físico.

La Biblia no utiliza el término "depresión", pero en cambio se refiere al sentimiento como estar "abatido". La depresión es un sentimiento, y este libro está dirigido hacia enseñar cómo controlar nuestros sentimientos en lugar de permitir que ellos nos controlen a nosotros. ¿Podemos controlar la depresión? Yo creo que la respuesta es sí. No creo que nadie tenga que vivir permanentemente con depresión. Todos experimentamos de vez en cuando un día con el ánimo bajo. A veces se debe a una decepción o una pérdida, pero otras veces realmente no sabemos por qué nos sentimos como nos sentimos. Si es solamente un día de vez en cuando, no creo que haya mucho por lo que preocuparse. Somos seres complejos con partes muy complicadas que tienen que trabajar bien todas ellas juntas para tener una salud óptima. Algunos días sencillamente no nos sentimos bien físicamente o emocionalmente, y normalmente es mejor no preocuparse al respecto, descansar un poco, y probablemente nos sentiremos mejor al día siguiente.

En este capítulo me gustaría considerar dos tipos de depresión. El primer tipo, la "depresión médica", está causada por algo físico que no podemos controlar. El segundo tipo es la "depresión situacional". Es la depresión causada por nuestra respuesta a las circunstancias de la vida. Hay ayuda para ambas, pero el tratamiento es diferente para cada tipo.

Depresión médica

Yo no soy doctora, pero sé que es de conocimiento común que los desequilibrios hormonales, los desequilibrios en neurotransmisores y los trastornos de tiroides están en lo alto de la lista de las raíces de la depresión que tienen una causa médica. Varios trastornos cerebrales o enfermedades cardíacas también pueden causar depresión. En cierto momento comencé a observar que me sentía triste y desanimada cada mañana durante unas dos horas, y después parecía sobreponerme durante el resto del día. Pensé que tan sólo estaba cansada o pensaba negativamente, y necesitaba "animarme", pero cuando fui al doctor para hacerme mi chequeo regular, él observó que mi tiroides funcionaba muy lentamente. Me dijo que debido a que los niveles estaban dentro del rango aceptable, normalmente no recibiría ningún tratamiento, pero debido a que yo le había dicho que me estaba sintiendo desanimada, me recetó una dosis muy baja de un tiroideo natural. Puedo decir sinceramente que cuando me tomé la primera pastilla el ligero sentimiento de depresión que había experimentado desapareció, y no ha regresado.

Debido al estrés bajo el que viven la mayoría de personas en la actualidad, muchas tienen desequilibrios en los neurotransmisores que pueden causar bajos niveles de serotonina en la sangre. Se hace referencia a la serotonina como la hormona de la felicidad, y si no tenemos suficiente, es probable que sencillamente no nos sintamos felices. Los niveles de serotonina pueden alterarse mediante medicinas, pero es sabio intentar corregirlos de modo natural si podemos. Eliminar el estrés excesivo, al igual que hacer una dieta adecuada y ejercicio, pueden ayudar mucho a equilibrar las sustancias químicas cerebrales.

Muchas mujeres experimentan depresión después de dar a luz o durante su ciclo menstrual sencillamente debido a cambios hormonales en su cuerpo. Esos cambios puede que sean temporales, o podrían requerir cierta atención médica. El punto que quiero establecer es que no toda la depresión puede curarse sin atención médica, y no quiero que nadie se sienta condenado si tiene que tomar medicamentos para la depresión. Por otro lado, creo que algunos doctores, incluyendo a los psiquiatras, con frecuencia recetan pastillas con demasiada rapidez sin buscar otras enfermedades médicas que pudieran estar causando la depresión. También quiero alentar a las personas que sí tienen que tomar medicinas a que entiendan que puede que no tengan que tomarlas siempre.

Conozco a una mujer que estaba pasando por una época muy estresante en su vida y comenzó a tener ataques de pánico. Fue a su doctor, quien le alentó a que tomase un medicamento para la ansiedad, y le ayudó casi de inmediato. Ella no sólo tomó la medicina, sino que también realizó algunos cambios de estilo de vida para ayudar a reducir el estrés, y tomó la decisión de no preocuparse por cosas sobre las cuales no tenía control. Unos seis meses después, la mujer quiso comprobar si podía dejar de tomar el medicamento. Lo fue reduciendo lentamente hasta que pudo dejarlo por completo, y ha estado bien desde entonces.

Incluso si la depresión es causada por razones médicas, las cosas que voy a compartir sobre la depresión situacional ayudarán a las personas a confrontar los sentimientos de desánimo por cualquier motivo. Recuperarse de la depresión normalmente requiere un buen programa de tratamiento que incluye cosas como aprender a pensar de modo diferente, reírse más y preocuparse menos. Como he dicho, yo no soy doctora, pero he estado enseñando la Biblia por más de treinta años, y estoy segura de que no tenemos que permitir que nuestras situaciones y circunstancias en la vida nos depriman.

Depresión situacional

La mayoría de personas que experimentan problemas, desengaños o tragedias son tentadas a hundirse en la depresión. Debido a que nuestro estado de ánimo está directamente relacionado con nuestros pensamientos y palabras, cuando nuestros pensamientos descienden a territorio negativo, nuestro estado de ánimo tiende a seguirlos. Fácilmente podemos deprimirnos tan sólo pensando y hablando sobre todo lo que va mal en nuestra vida y en el mundo en general. Cuando Dios nos dio la capacidad de controlar nuestros pensamientos, nos dio una capacidad maravillosa. Tenemos la capacidad de animarnos a nosotros mismos a pesar de cuáles sean nuestras circunstancias. Tristemente, muchas personas no conocen esta maravillosa verdad. Es fácil pasar por la vida

> *Cuando Dios nos dio la capacidad de controlar nuestros pensamientos, nos dio una capacidad maravillosa. Tenemos la capacidad de animarnos a nosotros mismos a pesar de cuáles sean nuestras circunstancias.*

con una mentalidad de víctima, sencillamente creyendo que no puedes hacer nada con respecto a cómo te sientes, especialmente si has afrontado un importante desengaño en la vida.

La siguiente es una sencilla solución que la Biblia da para la depresión: ponerse traje de fiesta en vez de espíritu de desaliento (ver Isaías 61.3). Lo que Dios nos ofrece es mayor que cualquier cosa que el enemigo ofrezca. La alabanza neutralizará la tristeza, pero debemos recordar que se nos dice que nos "pongamos" la alabanza. No podemos ser pasivos y tan sólo esperar que el sentimiento de tristeza se vaya.

He estado leyendo un clásico cristiano escrito por Hannah Whitehall Smith titulado *The Christian's Secret to a Happy Life* [El secreto del cristiano para una vida feliz]. Quedé sorprendida y alentada cuando leí que, a pesar de las dificultades que ella afrontó en su vida, tomó la decisión de que siempre creería en Dios, con o sin sentimientos, en los buenos momentos y en los malos.

Hannah se casó con Robert Smith cuando tenía diecinueve años de edad. Él parecía ser un joven muy devoto y romántico que dirigía un negocio familiar; sin embargo, enseguida quedó claro que él era impulsivo y emocional, y también tenía inclinación a tomar decisiones rápidas y poco sabias, tanto en los negocios como en su vida personal. Robert dejó el negocio en bancarrota. Después de haber tenido un fuerte encuentro con Dios, Robert comenzó a predicar el evangelio. Su ministerio de predicación terminó abruptamente por acusaciones de conducta sexual inapropiada. Su salud se deterioró, y finalmente tuvo un colapso nervioso. En todas esas dificultades Hannah siguió confiando en Dios, y frecuentemente decía, al igual que Job: "Aunque Él me mate, seguiré confiando en Él".

Hannah y Robert tuvieron siete hijos, pero cuatro de ellos murieron. Una hija nació muerta. Su hijo mayor, Frank, murió a los dieciocho años de edad por fiebres tifoideas. Su hija Nellie murió a los cinco años de edad de bronquitis. El día del cumpleaños de Hannah, el 7 febrero, su hija Rachel, de once años de edad, murió de fiebre escarlata. Pero Hannah se aferró a su fe con tenacidad en todas esas dificultades.

Ella se convirtió en una maestra y predicadora de la Biblia en quien muchos confiaban y a quien buscaban. Experimentó una verdadera crisis en su fe cuando diligentemente buscó evidencia del bautismo del Espíritu Santo o, como se denominaba en aquella época, la segunda bendición. Muchas personas a las que ella conocía, incluyendo a Robert, tuvieron gloriosas experiencias, pero ella nunca las tuvo. Llena de dudas con respecto a su fe que casi la llevaron a la desesperación, tomó la decisión de recibir sólo por la fe la plenitud del Espíritu Santo y nunca volver a dudar de Dios. Hannah aprendió en su vida que su propio esfuerzo para lograr santidad era inútil, y que debía depender totalmente de Dios para que hiciese la obra en ella. Esa completa dependencia se convirtió en el fundamento de su fe.

Robert murió en incredulidad y sus hijos adultos perdieron

su fe. En 1911 ella murió en paz a los setenta y nueve años de edad. A lo largo de su vida nunca perdió su fe ni deshonró a Dios. Hannah pudo decir: "He dado lo mejor y no pude hacer nada más". Aunque la escritura era una tarea de amor para ella y no algo que realmente disfrutase, *The Christian's Secret of a Happy Life* ha seguido publicándose durante 125 años y ha vendido millones de ejemplares.

Tuve dudas en cuanto a relatar la historia de Hannah porque no quiero dejar la impresión de que la vida cristiana es una vida llena sólo de tragedia y tristeza, porque no es así en absoluto. Pero sí quiero establecer firmemente el punto de que aunque sus circunstancias fueron trágicas, Dios estuvo con ella, la usó poderosamente, y parece que ella fue bastante feliz la mayoría de su vida; ¡lo bastante feliz como para escribir un libro sobre la felicidad! El gozo de Hannah estaba en Jesús, no en sus circunstancias.

La mayoría de nosotros no experimentaremos el grado de dificultades que tuvo Hannah, aunque algunos puede que sí, y las razones deben dejarse en manos de Dios.

Ten una charla contigo mismo

Cuando yo me doy cuenta de que estoy de mal humor, con frecuencia tengo una charla conmigo misma. Digo: "Joyce, ¿cuál es tu problema? Mira lo bendecida que eres, Joyce, y deja de sentir lástima de ti misma. Pon tu mente en otra cosa que te anime e intenta hacer algo hermoso por otra persona". Es increíble los buenos resultados que obtengo al razonar conmigo misma; ¡deberías probarlo!

El salmista David se hacía una pregunta cuando se sentía abatido. Decía: "¿Por qué voy a inquietarme? ¿Por qué me voy a angustiar? En Dios pondré mi esperanza y todavía lo alabaré. ¡Él es mi Salvador y mi Dios!" (Salmo 42.5; ver también 42.11; 43.5). La solución de David para la depresión era esperar en Dios y esperar que algo bueno sucediera. Se decía a sí mismo que se vistiera de alabanza mientras esperaba un cambio en sus circunstancias.

Este es sin duda un gran ejemplo de alguien que no permite que sus sentimientos le controlen. David tomó una decisión que no tenía nada que ver con cómo se sentía.

Hay otros lugares en la Escritura donde David describe sentirse muy abatido y desanimado, y con buenos motivos. Él tenía muchos enemigos, y Dios no siempre le libraba de ellos con rapidez. David fue ungido para ser rey de Israel veinte años antes de que realmente llevase la corona. Debido a sus celos y su temor, el rey que estaba en el poder entonces, Saúl, intentó varias veces matarlo. David literalmente se ocultó en cuevas durante muchos años, esperando a que Dios hiciera algo. No es sorprendente que charlase consigo mismo con frecuencia y tomase la decisión de no permitir que sus emociones le controlasen. Él miraba más allá de cómo se sentía, al Dios que él sabía que era fiel.

Puedes luchar contra los sentimientos de depresión recordándote a ti mismo las bendiciones que hay en tu vida. Puedes escuchar música o cantar. Incluso apartar tu mente de ti mismo haciendo algo agradable para otra persona ayudará mucho. No olvides que nuestro estado de ánimo está relacionado con nuestros pensamientos; por tanto, te insto a que tomes nota de lo que estás pensando cuando te sientes deprimido. Puede que encuentres la fuente de tu problema.

Hablar de victorias pasadas en tu vida también puede ser una manera de animarte. Pelea la buena batalla de la fe y haz todo lo que puedas para ayudarte a ti mismo. Comparado con la eternidad, nuestro tiempo en la tierra es breve, y querremos disfrutar de cada día. La depresión y el gozo sencillamente no pueden habitar en el mismo corazón, así que te insto a que encuentres tantas cosas por las que ser feliz que no quede lugar para la depresión.

La raíz de la depresión

La depresión situacional siempre tiene una raíz. Con bastante frecuencia es el desengaño. Cuando las expectativas son derrotadas o el deseo se ve frustrado, normalmente nos sentimos defraudados, y es comprensible sentirse así. Si yo empleo mucho esfuerzo en una cosa y no produce ningún fruto, entonces siento que he desperdiciado mi tiempo y comienzo a sentirme desalentada. Estoy segura de que un agricultor se sentiría de ese modo si hiciera todo lo que pudiera para asegurarse una buena cosecha y justamente antes del tiempo de recogerla llegase una tormenta y la destruyese.

Las expectativas hechas añicos conducen al desengaño. Esperamos ciertas cosas y conductas por parte de las personas y aun así no siempre obtenemos lo que esperamos. A veces, el modo en que las personas actúan nos sorprende y nos deja defraudados. También esperamos ciertas cosas de nosotros mismos y después nos decepcionamos a nosotros mismos. Esperamos cosas de Dios, y por razones sólo conocidas para Él, no hace lo que esperamos. Lo mejor que podemos hacer cuando nos sintamos defraudados es ser reubicados. Sacúdete el desengaño y obtén un nuevo sueño, visión, objetivo o plan. Con frecuencia, la mejor medicina para una mujer que haya sufrido un aborto natural es volver a quedarse embarazada en cuanto sea seguro para su salud. El mismo principio funcionará para ti siempre que estés desengañado. En Dios, siempre hay un lugar de nuevos comienzos. ¡Nunca es demasiado tarde para volver a comenzar! Cada mañana cuando el sol sale, declara: "Es un nuevo día; volvamos a comenzar".

El desaliento es otra raíz de depresión. La persona desalentada está desanimada; tiene ganas de tirar la toalla o rendirse; ha perdido la esperanza y no tiene valentía alguna para seguir adelante. Cuando estamos muy desanimados, todo lo que nos rodea lo sentimos mal. El desánimo puede provenir de haber sido defraudados, o podrías sentir que estás en un período en que la vida parece difícil, o parece haber problemas por todas partes.

Mencioné anteriormente que he estado teniendo algunos problemas de espalda, y una de las cosas que irrita el dolor es estar demasiado tiempo sentada. No puedo escribir de pie, así que podría desalentarme. Tengo que cumplir con una fecha límite, así que necesito escribir en este momento. En lugar de tener un espíritu de desánimo, me estoy adaptando y me levanto frecuentemente para estirarme, utilizo hielo para combatir la inflamación y también tomo mucho acetaminofeno. Naturalmente he pensado: *¿Por qué tiene que suceder esto ahora?* No tuve ninguna respuesta, lo cual es normalmente el caso cuando pregunto: "¿Por qué, Dios, por qué?"

Varias personas han destacado que tengo una buena actitud con respecto a esta situación. No estaría bien si yo estuviera escribiendo un libro sobre no permitir que nuestras emociones nos controlen ¡y al mismo tiempo estuviera permitiendo que las mías me controlasen! Creo que es importante que entiendas que todo el mundo tiene desafíos, incluyéndome a mí, y que nunca son convenientes.

Desaliento

A veces vemos la prosperidad de los malos y eso nos desalienta. Como hijos de Dios, esperamos ser bendecidos más que quienes no están sirviendo a Dios. Podríamos parafrasear una parte del salmo 73 del siguiente modo: "Me pareció que a los malos les iba mejor que a los justos, hasta que entendí que la paciencia de Dios sí termina y Él tratará con ellos".

Es un grave error mirar lo que tienen otras personas y

compararlo con lo que uno tiene. Dios tiene un plan individual y único para cada uno de nosotros, y la comparación solamente tiende a ser una fuente de desánimo o de orgullo. Si sentimos que estamos mejor que otros, puede que nos volvamos orgullosos (teniéndonos en mayor estima de lo que deberíamos); si sentimos que ellos están mejor que nosotros, puede que nos desalentemos e incluso nos deprimamos.

La Biblia declara enfáticamente que los malos al final serán cortados, pero los justos heredarán la tierra. Yo no creo que "al final" necesariamente signifique el fin del mundo o el fin de nuestras vidas. Creo que significa que al final de todo, a su debido momento (el momento de Dios), las bendiciones del hijo de Dios sobrepasarán a las del malo. La Palabra de Dios dice en Gálatas 6.9 que si no nos cansamos de hacer el bien, a su tiempo cosecharemos si no desmayamos.

Otra raíz de depresión y desaliento es sentirte mal contigo mismo. Sentirte avergonzado de quién eres o sufrir una culpabilidad anormal puede hacer fácilmente que te deprimas. Si no te gustas a ti mismo, los malos sentimientos que tienes en tu interior serán una fuente continua de dolor interior. Es vital que aprendas a aceptar y respetar a la persona que Dios creó. Toda tu conducta puede que esté lejos de lo que tiene que ser, pero si estamos dispuestos a cambiar, Dios seguirá trabajando con nosotros, y cada día mejoraremos en todos los aspectos. No te menosprecies a ti mismo debido a tus imperfecciones; en cambio, aprende a celebrar tus éxitos, incluso los pequeños.

Si estás deprimido, intenta determinar cuál es la raíz de ello. ¿Es médica? ¿Has sido profundamente decepcionado? ¿Estás desalentado? ¿Has experimentado una pérdida en tu vida? ¿Te comparas a ti mismo con otros? ¿Sientes mucha vergüenza o culpabilidad debido a errores del pasado o por haber sido herido por otras personas? ¿Descansas lo suficiente? ¿Mantienes equilibrio en tu vida? ¿Cuáles son tus hábitos alimenticios? ¿Tienes muchas deudas? ¿Tienes buenos amigos con los que disfrutas? Entender la fuente de la depresión puede ayudarte a vencerla.

Desesperación

¿Has sentido alguna vez verdadera desesperación? Es un lugar de total desesperanza. La persona desesperada siente que no hay modo de salir de su situación. El salmista David dijo que él habría desesperado si no creyese que vería la bondad de Dios en la tierra de los vivientes. Él sabía que si se permitía llegar a perder totalmente la esperanza, seguiría la desesperación. Él evitaba llegar a ese lugar creyendo continuamente que algo bueno iba a sucederle (ver Salmo 27.13). En su clásico *En Pos de lo Supremo*, Oswald Chambers destacó que cuando Jesús dijo: "No se turbe su corazón", estaba afirmando que sí tenemos control sobre el modo en que reaccionamos a nuestras circunstancias. Chambers dijo: "Dios no evitará que tu corazón sea turbado. Es un mandamiento: "No..." Levántate a ti mismo cien veces al día a fin de hacerlo, hasta que tengas el hábito de poner a Dios en primer lugar y calcules mirándolo a Él".

Incluso si te resulta difícil decir que verdaderamente crees que algo bueno sucederá, comienza diciéndolo en voz alta una y otra vez, y pronto comenzarás a creerlo.

Los suicidios están aumentando con rapidez. Una línea de teléfono nacional que recibe llamadas las 24 horas del día informó de que en abril del año 2007, 38.114 personas llamaron. En abril de 2009 esa misma línea recibió 51.465 llamadas. Ese es un aumento alarmante que creo que tiene mucho que ver con las condiciones del mundo y las noticias negativas de los medios de comunicación.

Cuatro de cada diez personas que llamaron dijeron tener estrés económico como uno de sus problemas. Un revés en la economía puede afectar nuestras actitudes y crear temor y depresión si no mantenemos nuestra esperanza en Dios en lugar de en el sistema del mundo.

Una historia en el *Charlotte Observer* proporciona algunas estadísticas sorprendentes sobre los intentos de suicidio en Carolina del Norte. La policía de Charlotte informó de un cincuenta y cinco por ciento de aumento en intentos de suicidio el año anterior. Una línea telefónica de ayuda del condado registró tres mil llamadas más en marzo de 2009 que en marzo de 2008, y un hospital local vio un nueve por ciento de aumento en pacientes que habían intentado suicidarse o habían pensado en ello. La doctora Paula Clayton, directora médica de la Fundación

Americana para la Prevención del Suicidio, afirmó que por cada suicidio, probablemente haya cien intentos.

La mayoría de nosotros en cierto momento de la vida hemos sentido que no podíamos seguir adelante, y deseamos momentáneamente estar muertos o pensamos en poner fin a todo. Incluso el gran profeta Elías le dijo a Dios que si constantemente iba a tener enemigos que le persiguieran, prefería estar muerto. Una cosa es tener un pensamiento momentáneo y efímero de suicidio; otra totalmente distinta es intentarlo o tener éxito en lograrlo. Es muy trágico cuando alguien tiene tal desesperación que prefiere estar muerto que seguir viviendo. Jesús murió para que pudiéramos tener y disfrutar una vida maravillosa, poderosa y próspera, pero debemos resistir todo intento que el diablo haga de robárnosla.

Hábitos y decisiones

La depresión y el desaliento pueden convertirse en hábitos de respuesta para algunas personas. Es el modo en que responden al desengaño o las pruebas de cualquier tipo. Yo tenía el hábito de sentir lástima de mí misma cuando no obtenía lo que quería, pero rompí ese hábito con la ayuda de Dios y he formado el hábito mejor de escoger ser feliz cuando obtenga lo que quiero o no. Intento confiar en que Dios me ayude a adquirir lo que Él quiera que yo tenga, y no meramente lo que yo quiera tener. Puede que suene demasiado simplista el que yo diga: "Rompe el hábito de la depresión". Pero para algunas personas podría ser así de sencillo. Puede que hayas tenido un padre o una madre que estaba deprimido y creciste pensando que esa era la forma de ser, así que tu hábito se volvió igual al de ellos. Mi padre era muy negativo y yo me volví como él, hasta que aprendí que podía escoger ser positiva.

Te aliento encarecidamente a que comiences a manejar la depresión o cualquier otro estado de ánimo relacionado. La vida es un regalo demasiado precioso para desperdiciar ninguna parte de ella viviendo en el agujero negro y vacío de la depresión.

Decisión y confesión: *La depresión y el desaliento no me controlarán. Seré feliz y disfrutaré de mi vida.*

CAPÍTULO
16

¿Por qué es tan difícil perdonar?

Desde Génesis hasta Apocalipsis leemos del perdón de Dios hacia nosotros y de nuestra necesidad de perdonar a los demás. Es uno de los principales temas de la Biblia. Estamos muy dispuestos a recibir perdón, pero con frecuencia nos resulta muy difícil ofrecer a otros el perdón que nosotros hemos recibido gratuitamente de parte de Dios. Puede que queramos perdonar, intentar perdonar y orar para ser capaces de perdonar y, sin embargo, seguimos estando amargados, resentidos y llenos de enojo y de pensamientos no perdonadores. ¿Por qué? Si queremos perdonar, ¿por qué es tan difícil hacerlo?

Las culpables son las emociones. Afortunadamente, puedes aprender a manejar tus emociones en lugar de permitir que ellas te manejen a ti. Perdonar a quienes te hayan herido es una de las principales áreas en las que necesitamos aplicar lo que estamos aprendiendo.

¿Qué puedes esperar de tus sentimientos una vez que

comiences a operar en perdón hacia ti mismo o los demás? Dios está listo y dispuesto a perdonarte, ¿pero estás tú igualmente listo y dispuesto a recibir su perdón? Tus sentimientos pueden interponerse en el camino. Puede que no te "sientas" digno de recibir un regalo tan maravilloso e inmerecido de parte de Dios. Puede que "sientas" que de algún modo necesitas pagar por lo que has hecho mal. "Sientes" que debes sacrificarte de alguna manera a fin de pagar por tus pecados. Si te sientes así, lo entiendo plenamente y hasta puedo decir que es bastante normal, pero también debo decir que no es la voluntad de Dios para ti. Yo me perseguí a mí misma durante muchos años intentando pagar una deuda que Jesús ya había pagado. Sacrifiqué mi trabajo negándome a permitirme a mí misma disfrutar de nada debido a mis sentimientos de culpabilidad. Afortunadamente, he entendido finalmente mediante la Palabra de Dios que no puedo pagar una deuda que ya ha sido pagada, y lo único que puedo hacer con un regalo gratuito es recibirlo o rechazarlo. El regalo del perdón de Dios es gratuito, y deberíamos recibirlo como un acto de fe.

Debemos perdonar gratuitamente a otros tal como hemos sido gratuitamente perdonados. El perdón es un regalo y no puede merecerse. ¿Cómo puede alguien deshacer lo que te ha herido? Mi padre robó mi inocencia mediante el abuso sexual. ¿Cómo podría él pagarme o deshacer lo que hizo? La única manera de que yo fuese libre fue perdonándole y confiando en Dios para recibir restauración. Aunque fue una de las cosas más difíciles de hacer de toda mi vida, fue útil para mí recordar que Dios me perdona continuamente y nunca me reprocha ninguno de mis pecados.

> De modo que se toleren unos a otros y se perdonen si alguno tiene queja contra otro. Así como el Señor los perdonó, perdonen también ustedes. (*Colosenses 3.13*)

¿Qué es lo más difícil que has sido desafiado a perdonar? ¿Te ha traicionado un amigo? ¿Has sido tan herido por tu cónyuge que tu matrimonio no pudo sobrevivir y terminó en divorcio? ¿Ha sido tu hijo desagradecido y poco amoroso?

Quiero hablarte de una mujer cuya herida apenas puede medirse. En enero de 1990, Sue Norton recibió la terrible noticia de que su madre y su padre habían sido hallados muertos en su casa de Oklahoma. El asesino se fue con un viejo camión y 17.000 dólares en efectivo.

Mientras ella estaba sentada en el juicio por asesinato de Robert B. K. Knighton, podía sentir el odio en el aire entre la familia y amigos de sus padres que llenaban la sala. Para el último día del juicio, Norton entendió que el odio no iba a sanarle de la terrible pérdida que había soportado. Aquella noche no pudo dormir, y pasó la noche orando para que Dios le ayudase. A la mañana siguiente, tuvo este pensamiento: *Sue, no tienes que odiar a B.K. Podrías perdonarle.*

¿Perdonarle?

Aquella mañana, mientras el jurado deliberaba, Sue obtuvo permiso para visitar a B.K. en la celda. Ella recuerda que cuando le vio, no pensó en él como en un asesino; pensó en él como un ser humano. Le dijo al hombre grande y con ojos de hierro: "No sé qué decirle, pero quiero que sepa que no le odio. Mi abuela... me enseñó que estamos aquí para amarnos los unos a los otros. Si es usted culpable, le perdono".

Al principio, el hombre pensó que ella estaba haciendo algún tipo de juego mental con él. No podía imaginar que alguien pudiera perdonarle por un crimen tan horrendo. En la actualidad, Robert Knighton reside en el corredor de la muerte en Oklahoma. Sue le escribe con frecuencia, y ocasionalmente le visita. Debido a su amor y su amistad, él se ha convertido en un dedicado cristiano.

Sus amigos piensan que ella ha perdido la cabeza. Pero Sue dice: "No hay modo de sanar y sobreponerse al trauma sin perdón. Hay que perdonar y seguir adelante. Eso es lo que Jesús haría".

La Escritura deja muy claro que Dios espera de nosotros que perdonemos pronto y gratuitamente. Pero nuestros sentimientos se encienden y se resisten agresivamente a que tomemos esa decisión. ¿Hay algo que pueda ayudarnos a dejar atrás los sentimientos y obedecer a Dios en esta área?

Tres cosas que me ayudan a perdonar

Lo primero que realmente me ayuda a perdonar es recordar que *Dios me perdona mucho más de lo que yo tendré nunca que perdonar a otros.* Puede que no hagamos lo que otros nos han hecho, pero también podemos hacer cosas que sean peores. En el reino de Dios, el pecado no viene en tallas como pequeña,

> *Dios me perdona mucho más de lo que yo tendré nunca que perdonar a otros.*

mediana y grande; ¡el pecado es pecado! Algunos pecados dejan más devastación que otros, pero Dios los perdona todos. Algunas cosas que las personas hacen nos hacen más daño que otras cosas, pero la respuesta es la misma para tratarlas todas ellas. Hazte un favor a ti mismo y perdona rápidamente y gratuitamente. Cuanto más tiempo guardes rencor, más difícil es soltarlo.

Lo segundo que me ayuda a perdonar es pensar en la misericordia de Dios. La misericordia es el regalo más hermoso que podemos dar o recibir. No puede ganarse y no se merece; si así fuera, no sería misericordia. Me gusta pensar en la misericordia como mirar más allá de *lo que* se hizo mal o del *porqué* se hizo. Muchas veces, las personas hacen algo dañino y ni siquiera saben por qué lo hacen, o puede que no se den cuenta de que lo están haciendo. A veces están reaccionando a su propio dolor sin entender que están haciendo daño a otros. Yo fui tan herida en mi niñez que, a cambio, frecuentemente hacía daño a otros con mis duras palabras y actitudes. Pero yo no entendía que estaba siendo dura, porque la vida había sido tan difícil y dolorosa para mí que la dureza se había convertido en parte de mí. Yo sencillamente era como era. Fue fácil para Dios mostrarme misericordia porque Él veía por qué yo hacía lo que hacía. Él veía a la niña que se había endurecido como método de protegerse a sí misma de más dolor.

Me ayuda a perdonar cuando entiendo que "las personas heridas hacen daño a otras personas". Cuando estoy intentando atravesar mi dolor, con frecuencia tengo que hablarme a mí misma. Me recuerdo a mí misma que tengo que creer lo mejor de cada persona. Pienso: *Dudo de que la persona que me hirió lo hiciera a propósito.* Después me recuerdo que hay un motivo por el cual hizo lo que hizo. Quizá nadie nunca sabrá esa razón excepto Dios, pero siempre hay una razón. A veces, la razón es sencillamente que la persona que nos hace daño no conoce a Dios, o no sabe cómo clamar a su poder para que le ayude a resistir la tentación. En realidad, pensar en esos diversos escenarios ayuda a mis emociones a calmarse y hace que sea más fácil perdonar.

La tercera cosa que me ayuda a perdonar a otros es recordar que si permanezco enojada, le estoy dando a Satanás una ventaja en mi vida (ver Efesios 4.26-27). Cuando perdono, evito que Satanás obtenga ventajas sobre mí (ver 2 Corintios 2.10-11).

> *Si permanezco enojada, le estoy dando a Satanás una ventaja en mi vida.*

Realmente, una de las cosas más valiosas que he aprendido es que me hago a mí misma un favor cuando perdono. Si no perdono, estoy envenenando mi propia alma con amargura que seguramente se abrirá paso en algún tipo de mala conducta o actitud.

La raíz de amargura contamina no sólo a quien está amargado, sino también a quienes le rodean.

Asegúrense de que nadie deje de alcanzar la gracia de Dios; de que ninguna raíz amarga brote y cause dificultades y corrompa a muchos. (*Hebreos 12.15*)

Amargura y esclavitud

Cuando los hijos de Israel estaban a punto de ser sacados de Egipto, el Señor les dijo la noche previa a su partida que preparasen una cena de Pascua que incluía hierbas amargas. ¿Por qué? Dios quería que comiesen aquellas hierbas amargas como recordatorio de la amargura que habían experimentado en la esclavitud. ¡La amargura le pertenece a la esclavitud! Si queremos evitar la esclavitud, debemos evitar la amargura.

La palabra *amargura* se utiliza para referirse a algo que es penetrante o áspero para el gusto. Se dice que las hierbas amargas que los israelitas comieron probablemente eran parecidas al rábano picante. Si alguna vez has dado una gran mordida a un rábano picante, sabrás que puede causar bastante reacción física. La amargura causa precisamente el mismo tipo de reacción en nosotros espiritualmente. No sólo nos causa incomodidad a nosotros, sino que también causa incomodidad al Espíritu Santo, que habita en nuestro interior.

La Biblia nos enseña que no entristezcamos al Espíritu Santo al permitir que la amargura, la indignación y la ira habiten en nosotros. ¡Debemos desterrarlas de nosotros mismos! (ver Efesios 4.30-31)

¿Cómo comienza la amargura? Según la Biblia, crece de una raíz. Hebreos 12.15 (RVR1960) utiliza el término "raíz de amargura". Las raíces siempre producen fruto, y en este caso el fruto es venenoso.

¿Cuál es la semilla de la que brota esa raíz? ¡La falta de perdón! La amargura resulta de las muchas ofensas pequeñas que se cometen contra nosotros y que sencillamente no soltamos, las cosas que recordamos una y otra vez en nuestro interior hasta que están desproporcionadas y crecen hasta un tamaño problemático. Recuerdo ocasiones en que Dave y yo discutíamos en los primeros años de nuestro matrimonio, y en lugar de tratar el problema de ese momento, yo sacaba a la luz muchos otros problemas. Algunos eran cosas que habían sucedido años antes. ¡Dave me preguntaba por qué yo mantenía almacenada toda esa información! Él es una persona muy positiva y perdonadora, de modo que no podía imaginar que yo retuviese toda ofensa que él había cometido contra mí. Hasta que yo aprendí una manera mejor y más sabia de vivir, permitía que todas esas pequeñas cosas se amontonasen en mi interior, tan sólo esperando el momento de poder sacarlas y utilizarlas como munición. Yo había recibido un hombre maravilloso y piadoso, pero no sabía cómo apreciar el regalo que Dios me había dado porque almacenaba pequeñas ofensas y me negaba a soltarlas.

Aparte de todas las pequeñas cosas que podríamos permitir que lleguen a ser desproporcionadas, a veces hay ofensas importantes que se cometen contra nosotros. Cuanto más tiempo permitamos que nuestra amargura y resentimiento crezcan, se convertirán en un problema mayor y será más difícil ser libres de ellas. Afortunadamente, a estas alturas es obvio que lo mejor con respecto a cualquier ofensa, sea grande o pequeña, es perdonar rápidamente y totalmente.

> *Ser ofendido no es nada a menos que uno siga recordándolo.*
> Confucio

Ser ofendido no es nada a menos
que uno siga recordándolo.
Confucio

Lo que no alimentamos se debilita y muere

Mencioné anteriormente que cuanto más alimentemos una emoción negativa, más fuerte se vuelve; cuanto menos la alimentemos, más débil se vuelve. Podemos alimentar sentimientos de falta de perdón sencillamente meditando y hablando sobre lo que la persona que nos ha herido ha hecho. Si quieres perdonar a alguien, debes hacer el compromiso de dejar de enfocarte en lo que te han hecho. Una manera de alimentar la amargura es contárselo a otros para que sientan lástima de nosotros, pero eso es algo peligroso, especialmente si seguimos haciéndolo una y otra vez. A veces es sano expresar cómo te sientes con respecto a algo que ha sido doloroso. Como dije anteriormente en el libro, los secretos pueden ponernos enfermos. No estoy sugiriendo que tengamos que vivir vidas solitarias, sin compartir nunca nuestro dolor con nadie, pero recordar algo continuamente es bastante diferente a compartirlo de manera sana.

> *Cuando tomo la decisión de perdonar, de soltar la ofensa y olvidarla, también debo dejar de hablar de ella innecesariamente.*

Yo he aprendido que cuando tomo la decisión de perdonar, de soltar la ofensa y olvidarla, también debo dejar de hablar de ella innecesariamente. Cuanta más atención presto a la ofensa, más fuerza le doy; pero si no le presto atención, entonces es más fácil sobreponerme a ella emocionalmente.

Todos queremos justicia cuando hemos sido heridos, y con frecuencia es difícil ser pacientes mientras Dios hace que se produzca. Somos tentados a vengarnos nosotros mismos en lugar de recordar que Dios dijo que la venganza es de Él y no nuestra.

Pues conocemos al que dijo: "Mía es la venganza; yo pagaré"; y también: "El Señor juzgará a su pueblo". (*Hebreos 10.30*)

Los planes peor trazados

Ha habido veces en que me he encontrado planeando lo que haré para vengarme de alguien que me ha hecho daño. También he sido culpable de pensar en las cosas buenas que yo he hecho en el pasado por esa persona y que no volveré a hacer. O bien haré daño a la persona o le retiraré bendiciones, y ninguno de esos planes muestra el carácter de Jesús. Una noche, estaba en la cama después de haber escuchado que cierta persona que era socio en los negocios estaba diciendo cosas desagradables y críticas sobre mí, y cuanto más pensaba en lo que le diría, más molesta me sentía. Mis emociones estaban tan avivadas que no podía dormir. A medida que continuaba con mis pensamientos desagradables, nada amorosos ni piadosos, sentí un toque del Espíritu Santo. Me hizo saber que Él tenía un plan mejor. Sugirió que olvidase las frases desagradables que se habían dicho sobre mí y en cambio enviase a la persona que las dijo un regalo, y le hiciera saber lo mucho que le apreciaba. Tan sólo pensar en eso me hizo reír, y enseguida vi que los caminos de Dios nos dan alegría, mientras que nuestros caminos con frecuencia nos hacen desgraciados.

En cuanto cambié mis pensamientos al plan de Dios, ya no sentí la ira que había sentido anteriormente. Aún me dolía y mis sentimientos estaban heridos, pero pensar en hacer las cosas a la manera de Dios me capacitó para tomar una decisión basada en su Palabra en lugar de en mis sentimientos. Me quedé en la cama pensando qué regalo le daría a la persona y qué diría en la nota que lo acompañaría. En cuanto se abrió la oficina a la mañana siguiente, le pedí a mi ayudante que pidiese el regalo. Imagina qué pasó: ¡sentí un alivio instantáneo de la agonía que había experimentado la noche anterior! Cuando vi a la persona más adelante, sentí una oleada de dolor, pero era pequeña comparada con lo que podría haber sido.

La persona que habló de mí de forma desagradable nunca supo que yo era consciente de ello, pero Dios lo sabía, y Él es quien nos recompensa por las injusticias que se producen en nuestras vidas.

Las emociones siguen a las decisiones

Nuestra responsabilidad es tomar decisiones correctas basadas en la Palabra de Dios, y la tarea de Él es sanar nuestras emociones. Normalmente queremos sentirnos mejor primero, pero Dios quiere que primero hagamos lo correcto, sin importar cómo nos sintamos. Cuando lo hacemos, crecemos espiritualmente y disfrutaremos de mayor estabilidad emocional la próxima vez que afrontemos una situación difícil. Cuando tomamos la decisión de perdonar, probablemente no tendremos ganas de perdonar. Después de todo, hemos sido tratados injustamente, y eso duele. Pero hacer lo correcto mientras nos sentimos ofendidos es muy importante para nuestro crecimiento espiritual en general, y también glorifica a Dios.

Por muchos años yo intentaba perdonar a las personas cuando me hacían daño y me ofendían, pero como seguía teniendo sentimientos negativos hacia ellas, suponía que

no estaba teniendo
éxito en el viaje
del perdón. Ahora
entiendo que a pesar
de cómo me sienta,
si sigo orando por la
persona que me hizo
daño y bendiciéndola
en lugar de malde-

> *Nuestra responsabilidad es tomar decisiones correctas basadas en la Palabra de Dios, y la tarea de Él es sanar nuestras emociones. Normalmente queremos sentirnos mejor primero, pero Dios quiere que primero hagamos lo correcto, sin importar cómo nos sintamos.*

cirla, estoy de camino a la libertad de la emoción destruc-
tiva. Maldecir significa hablar mal de, y bendecir significa
hablar bien de. Cuando alguien nos haya herido, podemos
negarnos a hablar mal de esa persona aunque seamos tentados a hacerlo. También podemos bendecirla hablando de
sus buenas cualidades y de cosas buenas que haya hecho.
Si sólo miramos los errores que las personas cometen, no
podrán gustarnos. Pero mirar su vida en general nos da un
cuadro más equilibrado.

Nada de lo que he dicho evitará que experimentes dolor
emocional cuando alguien te haga daño, pero puede ayudar en el proceso del perdón. Estos métodos me han ayudado, y verdaderamente creo que te ayudarán a ti.

No puedes esperar hasta que tengas sentimientos de
calidez y amor hacia alguien que te haya hecho daño para
perdonarle. Probablemente tendrás que hacerlo mientras
sigues sufriendo y perdonar es lo último que tienes ganas
de hacer, pero hacerlo te sitúa en la liga de Dios. Te pone
directamente en el camino que es "estrecho" (contraído
por la presión) pero que conduce a la vida (Mateo 7.14).

Te sitúa en el camino menos transitado, en el cual Jesús mismo estuvo. No olvides que una de las últimas cosas que Él hizo fue perdonar a alguien que no merecía el perdón, y lo hizo mientras colgaba de una cruz estando crucificado. Creo que una de las últimas cosas que Jesús hizo estaba especialmente diseñada para ayudarnos a recordar lo importantes que son esas cosas.

> *Si alguien te hace daño, llora un río, y después construye un puente y crúzalo.*
> Anónimo

Si alguien te hace daño, llora un río, y
después construye un puente y crúzalo.
Anónimo

¿Y si decido que es demasiado difícil?

Muchas personas deciden que perdonar a quienes les han hecho daño es demasiado difícil; y sin duda, ¡perdonar es difícil! Pero cuando toman la decisión de no perdonar, están cometiendo uno de los errores más graves que posiblemente puedan cometer. ¿Por qué es tan grave? Porque nuestra intimidad con Dios es obstaculizada si no perdonamos a quienes han pecado contra nosotros. La Biblia dice claramente que si no perdonamos a los demás, Dios no nos perdonará nuestros pecados e iniquidades (ver Mateo 6.14-15). Si nuestro pecado se interpone entre Dios y nosotros, entonces nos resultará difícil escuchar de Él y sentir su presencia. Yo creo firmemente que albergar falta de perdón nos roba el sueño, la paz y la alegría; afecta a nuestra salud y nos roba nuestro bienestar en general. Muéstrame a alguien que no tenga espíritu perdonador y yo te mostraré a alguien con quien muy pocas personas quieren relacionarse.

A veces hemos albergado resentimiento durante tanto tiempo que ni siquiera nos damos cuenta de que lo tenemos. Se ha convertido en parte de nosotros, y eso es verdaderamente peligroso.

Puedo recordar haber pensado en una ocasión que yo no tenía falta de perdón en absoluto en mi corazón, pero Dios me mostró dos cosas concretas que me sorprendieron: yo estaba enojada con una de las amigas de mi hija porque no me gustaba el modo en que ella la trataba, y también estaba enojada con mi hijo porque él no era lo que yo quería que fuese en ese momento. ¿Has sentido alguna vez enojo hacia alguien que querías debido a que las decisiones que tomó en la vida te defraudaron o no cumplieron con tus expectativas? Estoy segura de que sí, porque esa es una de las trampas más sutiles de Satanás. Estamos enojados no por algo que la persona nos hiciera sino por algo que no hizo. No aprobamos sus decisiones, aunque Dios le ha dado derecho a tomarlas. Puede que intentemos alentar a quienes queremos y nos interesan, pero no debemos intentar controlarlos. Dios nos dice que enseñemos a nuestros hijos en el camino que deberían ir, no en el camino que nosotros queremos que estén (ver Proverbios 22.6).

Barbara tenía cinco hijos a los que quería mucho. Todos

ellos eran adultos, y todos a excepción de uno tenían sus propios hijos. Aunque Barbara era una cristiana experimentada, le resultaba difícil permitir que sus hijos tomasen sus propias decisiones. Con bastante frecuencia su conducta encendía discusiones entre ella y sus hijos. Ellos se sentían controlados y manipulados, pero ella insistía en que sólo intentaba ayudarles. Su enojo hería los sentimientos de Barbara, y la conducta de Barbara los hacía enojar a ellos. El resultado era un círculo vicioso que hacía infelices a todos. Barbara no lo entendía, pero en realidad se comportaba del mismo modo con la mayoría de personas que conocía. Como resultado, las personas comenzaron a evitarla.

Barbara asistía a un grupo de estudio bíblico, pero tristemente nunca dejaba de hacer comentarios poco amorosos sobre las decisiones y elecciones de otras personas. Ella era un tipo de cristiana que se describe como "carnal", lo cual mencioné anteriormente en el libro. Ella creía en Dios pero nunca dejaba de hacer lo que tenía ganas de hacer. Tristemente, terminó con muy pocos amigos, un esposo que la dejó por otra mujer, e hijos que la evitaban siempre que era posible. La raíz de su problema era el orgullo. Ella creía que su modo de pensar era correcto para todos y que tan sólo intentaba ayudar a la gente, aunque los demás verdaderamente no querían su ayuda.

Yo sentía enojo hacia mi hijo porque él no era tan espiritual como yo quería que fuese, pero yo estaba equivocada, y por medio de Dios encontré la fortaleza para decirle que lo estaba. La humildad que Dios me capacitó para mostrar al decir que estaba equivocada, y la aceptación incondicional de él tal como era, comenzó una sanidad en su vida que finalmente le ayudó a tomar decisiones correctas y situarse en el camino adecuado. Antes de eso, él había podido sentir mi desaprobación, y lo único que hacía era profundizar el abismo que había entre nosotros cada vez más.

He descubierto que a veces, cuando sufro, no se debe a algo que otra persona hiciera para herirme; se debe a que yo tenía una expectativa que no debería haber tenido. Desde luego, hay cosas que tenemos derecho a esperar en nuestra relación con otras personas, pero debemos asegurarnos de que nuestras expectativas sean realistas y les sigan dando a las personas la libertad de ser ellas mismas.

Es momento de tomar una decisión

Nada cambia en nuestra vida hasta que tomamos la decisión de actuar conforme la información que tenemos. Las siguientes son algunas decisiones que puedes tomar y que te capacitarán para vivir libre de la agonía de la amargura, el resentimiento y la falta de perdón:

1. Creer lo mejor de cada persona. Darles el beneficio de la duda.
2. Imitar a Jesús mostrando misericordia a las personas.

3. Entender que las personas que sufren hacen daño a otras personas, y orar por quienes nos hicieron daño.

4. No permitir que tus emociones tomen tus decisiones.

5. Recordar que si tomas decisiones correctas, tus emociones finalmente se alinearán con tus decisiones.

6. Tienes el poder de Dios que te capacita para hacer cosas difíciles.

7. Negarse a perdonar es como beber veneno y esperar que eso te libre de tu enemigo.

8. Dios espera de nosotros que entreguemos lo que hemos recibido gratuitamente de Él, incluyendo el perdón.

9. Perdonar = libertad. ¡No te conviertas en tu propio carcelero!

10. No desperdiciar otro día estando amargado. Cada día es un regalo de Dios; utilízalo sabiamente.

Creo que Satanás utiliza la falta de perdón para traer destrucción a nuestras vidas. Dios nos dice una y otra vez en su Palabra lo importante que es perdonar. Yo creo que es una necedad desobedecer a Dios en esta área. Tengo planes de trabajar con el Espíritu Santo cada día de mi vida para resistirme a permitir que mis emociones eviten que perdone a aquellos que me hagan daño o me decepcionen. ¡No permitiré que Satanás controle mi destino! Oro para que tú tomes la misma decisión.

Decisión y confesión: *Perdonaré rápidamente y gratuitamente a quienes me hagan daño. Me niego a arruinar mi vida con amargura.*

Cómo afectan los sentimientos a nuestra salud

Millones de personas simplemente no tienen un buen cuidado de sí mismas. Invierten en todo lo imaginable a excepción de ellas mismas. Yo creo que Dios nos otorga una cantidad de energía para nuestras vidas, y si la usamos más en los primeros cuarenta años, probablemente experimentaremos muchos problemas de salud más adelante en la vida. En mi libro *Look Great, Feel Great*, comparto mi propio viaje de haberlo hecho todo equivocadamente con la esperanza de poder ayudar a otros a evitar los errores que yo cometí.

El estrés excesivo durante un largo período de tiempo afecta negativamente a nuestra salud y nuestras emociones. Hemos escuchado muchísimas veces que necesitamos eliminar el estrés innecesario de nuestras vidas; sin embargo, la mayoría de personas nunca lo hacen hasta que tienen una crisis de salud.

Cuando no me siento bien, descubro que es mucho más difícil estar estable emocionalmente. Recientemente regresé de una conferencia que fue la culminación de tres semanas de viaje y duro trabajo. Yo estaba muy cansada pero quería ver a todos mis hijos, y por eso los invité a ellos y a sus familias a comer con nosotros en cuanto regresamos a casa. Doce de ellos pudieron acudir, y aunque reunirnos con ellos sonaba como una idea estupenda en aquel momento, resultó ser la gota que colmó el vaso. El restaurante era muy ruidoso, y teníamos que hablar en voz muy alta para poder escucharnos; algo nada relajante. Entonces alguien planteó una situación que había causado muchos problemas en nuestras vidas. Probablemente sabrás lo que quiero decir cuando digo: *Yo no quería escuchar nada más al respecto, y especialmente cuando estaba cansada.* Cuanto más hablaban ellos de ese tema, más emocional me sentía yo. Pensé: *Si no se callan, ¡voy a gritar!* Normalmente, nada de eso me habría molestado, pero debido a que estaba muy cansada, cualquier cosa que sonase aunque fuera remotamente negativo o triste era casi más de lo que yo podía manejar. *¡Yo quería oír cosas felices!*

Mis dos hijos se estaban burlando de mí, como hacen con frecuencia, y normalmente nos divertimos mucho con eso. Pero debido a que estaba cansada, la mayor parte de lo que dijeron me resultó insultante. Yo me ofendí, aunque ellos no intentaban ofenderme, sencillamente porque estaba agotada. En aquel día en particular, yo *sentía* que quería que todos en mi familia me hicieran elogios, me dijeran lo mucho que apreciaban mi duro trabajo, me dijeran lo mucho que me querían, y quizá incluso me pagasen la cena. Pero nada de eso sucedió, y cuando llegó el momento de irme, yo estaba al borde de la locura. Mis pensamientos estaban en la cloaca, y mis sentimientos estaban haciendo una visita a la sala de la lástima en la que anteriormente vivía. Era claramente una de esas situaciones en la que mis propias expectativas habían causado el problema. Yo tenía una expectativa que mi familia ni siquiera sabía que yo tenía, y cuando ellos no la cumplieron, yo me volví emocional. Afortunadamente, pude salir del restaurante antes de que mis hijos se dieran cuenta de que yo me estaba deteriorando rápidamente.

Yo podría haber evitado toda la escena sencillamente si hubiera tenido una cena rápida y tranquila con Dave; pero permití que el enemigo entrase por una falta de sabiduría, y todo el descanso de la noche e incluso la mayor parte del día siguiente fue un juego conmigo intentando mantener bajo control mis sentimientos, y tengo que decir que no tuve un éxito completo. Estoy muy contenta de que la Biblia diga que tenemos un Sumo Sacerdote (Jesús) que nos entiende porque Él fue tentado en todo al igual que nosotros; sin embargo, Él nunca pecó. Él tenía el control total de sus sentimientos, pero aun así nos entiende; por tanto, podemos acercarnos con valentía a su trono de gracia y recibir la ayuda que necesitamos aunque nos comportemos menos que perfectamente (ver Hebreos 4.15-16).

Llegamos a casa después del fiasco de la cena, y a los

treinta minutos nos quedamos sin electricidad debido a una tormenta. Durante el resto de la noche estuvimos a oscuras a excepción de las velas. Mi plan de descanso, relajación y una buena película estaba fracasando delante de mis propios ojos, y no había nada que yo pudiera hacer al respecto. Terminé metiéndome en la cama a las 6:00 de la tarde, lo cual no era muy emocionante después de haber trabajado todo el fin de semana.

Me desperté a la mañana siguiente con un estado de ánimo triste, lloroso y con lástima de mí misma, y pasé mi tiempo con Dios llorando y quejándome de mis tristezas. Me detenía a intervalos regulares para decirle a Dios que sabía lo bendecida que era, y sabía que me estaba comportando de modo ridículo, pero estaba tan cansada que ni siquiera tenía la energía para resistir. Te sugiero que te detengas por un momento y pienses en cómo te sientes, piensas, hablas y te comportas cuando estás muy cansado o enfermo. Si no afrontamos la verdad sobre dónde estamos en nuestra conducta y madurez espiritual, ¡nunca podremos llegar donde necesitamos estar!

Yo sabía que necesitaba tranquilidad, descanso y una buena comida caliente. ¡También necesitaba una galleta y un nuevo par de zapatos! (Si no tienes idea alguna de por qué dije esa frase, entonces necesitas leer mi libro *Come la galleta, compra los zapatos*, que habla de que necesitamos hacer una inversión en nosotros mismos y recompensarnos por nuestros éxitos en la vida.)

Yo acababa de terminar con éxito tres semanas de

duro trabajo, y necesitaba celebrarlo. Todos queremos ser recompensados por nuestro duro trabajo, y es muy sabio que hagas algo para ti mismo que disfrutes como parte de tu programa de recuperación. Cuando Dave está cansado, le gusta jugar al golf o ver un partido de béisbol, y hacerlo en realidad le da energía. Yo necesito descanso, una buena comida, un postre y una buena película. Una de las cosas más importantes que necesito después de un calendario frenético con miles de personas rodeándome en todo momento es sencillamente estar tranquila. No tenía necesidad de planear otra fiesta en un restaurante ruidoso con muchas personas en el momento de regresar a casa. Fue culpa mía y de nadie más. Tengo suficiente conocimiento y experiencia para tomar mejores decisiones, pero saber lo que deberíamos hacer es una cosa y aplicar lo que sabemos es otra muy distinta.

¿Estás ignorando las advertencias?

Creo que Dios ha diseñado nuestro cuerpo de tal modo que con frecuencia nos advierte cuando algo va a ir mal antes de que sea realmente malo. Esta advertencia es nuestra oportunidad para emprender la acción positiva y evitar una crisis importante. Si tienes hijos, probablemente hayas dicho miles de veces: "Te lo advierto, si sigues haciendo eso vas a tener muchos problemas". Les estamos dando una oportunidad de hacer un cambio antes de que tengan que sufrir. Yo creo que nuestro cuerpo está formado de manera tan maravillosa que nos da esa misma oportunidad. ¿Has tenido alguna vez dolor en una zona como el cuello, la espalda o los hombros, y lo has dejado pasar hasta que de repente has tenido un problema mayor? A mí me ha pasado, y he hecho justamente eso (dejarlo pasar) más de una vez. También he visto a otras personas hacer lo mismo una y otra vez. Si te escuchas a ti mismo o a alguien a quien quieres hablando regularmente sobre una zona de su cuerpo que les duele, entonces eso es una señal de advertencia de que algo necesita una revisión.

Durante años, me dolían los pies después de mis conferencias. A veces me dolían tanto que podría haberme puesto a llorar. Les daba un masaje, los metía en agua, y utilizaba varias cremas calmantes. Después me levantaba a la mañana siguiente, me ponía zapatos de tacón alto y perseguía mis pies durante todo el día. Por muchos años había llevado zapatos de tacón alto. Me encantan los zapatos bonitos, así que optaba por lo bonito en lugar de por la comodidad. Aquello no fue sabio, y finalmente pagué el precio por ello. Yo defino *sabiduría* como "hacer ahora aquello con lo que más adelante estarás satisfecho". Yo hice lo que me gustaba en aquel momento y sufrí por ello más adelante. Además, lo hice durante años y finalmente se desarrollaron juanetes y callos que necesitaron cirugía.

Mis pies mejoraron, y comencé a ponerme zapatos con tacones más bajos, pero sólo un poco más bajos. Eso me ayudó, pero mi espalda comenzó a darme problemas. Y lo pasé por alto, hasta que una mañana me levanté y no podía caminar sin ayuda. Ese día comencé a visitar a un quiropráctico, y lo he hecho regularmente desde entonces. Finalmente comencé un programa de entrenamiento y ejercicio con un entrenador para no hacerme más daño a mí misma, y eso me ha ayudado mucho. Pero a lo largo de los años en que pasé por alto el dolor de espalda, la estuve dañando sistemáticamente. Mi cuerpo me estaba advirtiendo que hiciera algo *en el momento*, pero yo lo pospuse.

A estas alturas puede que pienses: *Joyce, no eres muy inteligente*. Antes de que me juzgues, permite que te pregunte qué estás pasando por alto. ¿Estás cansado todo el tiempo? ¿Tienes dolor en la cabeza, el cuello, los hombros, la espalda, las caderas, las rodillas o los pies y lo único que haces es quejarte? ¿Tienes alta la presión sanguínea pero no haces nada para disminuir el estrés? ¿Tienes un elevado azúcar en la sangre pero sigues comiendo muchos dulces?

Cuando el indicador dice que tu auto tiene poco combustible, tú no lo ignoras. Y si lo haces, terminas al lado de la carretera sin gasolina y sin transporte. Si el indicador del aceite dice que tu auto tiene poco aceite, entonces le añades aceite. Mi auto tiene un "cerebro". Es cierto tipo de computadora que hace muchas cosas de las que yo no me preocupo en absoluto. Hace dos semanas se volvió loco, y créeme, le presté atención enseguida. Obtuve todo tipo de mensajes en los indicadores que parecían realmente aterradores. De hecho, me negué a conducirlo ni un kilómetro más hasta que no lo arreglasen, porque no iba a arriesgarme a estar en algún lugar y que se produjese una avería. Si respetásemos las advertencias que obtenemos de nuestro cuerpo de la manera en que respetamos las que obtenemos de nuestros autos, estaríamos mucho más sanos.

Si no te sientes bien, existe la posibilidad de que estés malhumorado, te ofendas con facilidad y excuses todas tus malas conductas diciendo que no te sientes bien. Pregúntate: *¿Hay algunas cosas que puedo hacer que podrían cambiar esta situación o al menos ayudar?* Yo creo que si hacemos lo que podemos hacer, entonces podemos pedir a Dios que haga lo que nosotros no podemos hacer. Cuando estamos enfermos, oramos y pedimos a Dios ayuda y sanidad, ¿pero estamos haciendo lo que podemos hacer para mantenernos sanos? A veces, cuando pedimos ayuda a Dios, Él intenta mostrarnos algo que estamos haciendo y que causa nuestros problemas, pero nosotros no queremos cambiar nada; sólo queremos que el dolor o el agotamiento se vayan. La sabiduría sabe que si necesitamos un cambio, no lo obtendremos si continuamos haciendo las mismas cosas que siempre hemos hecho.

Es sorprendente la mejoría que podrías sentir si haces algunas cosas sencillas como comer más sano, beber mucha agua, descansar lo suficiente, equilibrar tu trabajo con descanso, y reír, reír, reír.

La dieta de la alegría

Está científicamente demostrado que la risa mejora nuestra salud, y si mejora nuestra salud, nuestro estado de ánimo será mejor.

Gran remedio es el corazón alegre, pero el ánimo decaído seca los huesos. (*Proverbios 17.22*)

¿Sabías que se necesitan muchos más músculos para fruncir el ceño que para sonreír? Una página web decía que son necesarios cuatro músculos para sonreír y sesenta y cuatro para fruncir el ceño. ¡Creo que ahorraré energía muscular y comenzaré a sonreír más! Cuando nos reímos, se estimulan las partes de nuestro cerebro que utilizan la sustancia química de "sentirse bien": la dopamina. Se desencadena el sistema inmunológico, y la risa incluso parece ayudar a los diabéticos a mantener sus niveles de glucosa controlados.

Investigadores de la Universidad de Maryland descubrieron que cuando nos reímos, la cubierta interior de nuestros vasos sanguíneos se expande, y se producen productos químicos "buenos" que reducen la coagulación y la inflamación. Cuando el interior de los vasos sanguíneos se contraen, se liberan hormonas del estrés (cortisol). Una buena carcajada tensa todos los músculos durante segundos o minutos cada vez, y el pulso cardíaco y la presión sanguínea se elevan mientras te ríes y después descienden, al igual que con el ejercicio. He oído que la risa es equivalente a correr interiormente.

Las personas que son más felices en sus vidas cotidianas tienen niveles más sanos de productos químicos clave que aquellas que son infelices. Un estudio en Inglaterra demostró que cuanto más felices son las personas, menores son sus niveles de cortisol, el cual se relaciona con la diabetes y las enfermedades del corazón. Un estudio de la Universidad Carnegie Mellon confirmó que las personas que son felices, vivaces, calmadas, o que muestran otras emociones positivas, tienen menos probabilidad de enfermarse cuando se ven expuestas al virus del resfriado que quienes tienen menos de esas emociones.

Ese estudio afirma que la risa aumenta la buena salud, y yo creo que las dos cosas nos ayudan a ser más estables emocionalmente. Entonces, ¿por qué no reír, reír, y reír más?

Dave ha disfrutado de una salud muy buena en sus setenta años de vida, y ha hecho ejercicio durante cincuenta años y tiene una habilidad para disfrutar de todo. Como ejemplo, esta mañana observé que en las primeras cuatro horas después de levantarnos él encontró humor al menos en diez cosas. Eran cosas sencillas que una persona más intensa no habría considerado divertidas en absoluto, pero para Dave lo eran. Su tontería me hizo reír, y eso es bueno para mí porque yo soy un individuo que tiende más a la seriedad, especialmente cuando tengo trabajo que hacer.

¡Pruébalo! Incluso puedes realizar el juego de ver con cuánta frecuencia puedes reírte en un día, y creo que te ayudará a aliviar tensión que a su vez ayudará a tu salud y emociones en general. ¿Eres una persona intensa que se estresa por cosas que no marcarían ninguna diferencia en absoluto para ti si supieras que hoy era tu último día en la tierra? Si a mí me quedase un solo día, sin duda querría disfrutarlo, ¿no te parece?

Es más que probable que algunos de mis lectores están pensando: *Joyce, yo no tengo nada por lo cual reír. Mi vida es un desastre y tengo problemas dondequiera que mire.* Puede que eso sea cierto, pero creo que podemos encontrar humor en casi todo si estamos decididos a hacerlo. Entiendo que hay cosas trágicas que suceden, como una enfermedad terminal o la muerte de un ser querido, y no estoy sugiriendo que haya nada de humor en esas cosas. La Biblia dice que hay tiempo de reír y tiempo de llorar y lamentarse (ver Eclesiastés 3.4). Intentar ser divertido en el momento equivocado puede hacer daño a personas que realmente están sufriendo. Sin embargo, sugiero enfáticamente que encontremos tanto humor como podamos en lo que podamos, con la mayor frecuencia que podamos. Si lo hacemos, entonces incluso los momentos más difíciles y trágicos de la vida serán más fáciles de manejar. No nos reímos de nuestros problemas, sino a pesar de ellos. La Biblia dice que el gozo del Señor es nuestra fortaleza (ver Nehemías 8.10), y haríamos muy bien en recordar eso.

El gozo, la templanza y el reposo cierran
la puerta en la cara al médico.
Henry Wadsworth Longfellow

Cómo controlar las emociones cuando se está enfermo

Sin duda, es más difícil manejar las emociones cuando uno está enfermo o agotado, pero no es imposible. Cuando sentirse mal es un acontecimiento de una vez al mes, les digo a las mujeres que descansen más, eviten tomar decisiones importantes y hablen lo menos posible. Pero ¿y si hay una grave enfermedad? Cambios en la dieta, ejercicio, risa y algunas de las otras cosas que he sugerido no cambiarán nada para las personas que estén muy enfermas y necesiten sanidad. Durante el período de espera, sea que estés esperando al médico, esperando recibir una receta o esperando un milagro de Dios, tienes que manejar la vida. He observado que las cosas no dejan de suceder tan sólo porque no tengas ganas de tratarlas.

¿Puedes manejar tus sentimientos durante esas épocas? ¡Claro que sí! Será más difícil, puede que requiera oración extra y más determinación, pero puedes hacerlo con la ayuda de Dios. El primer paso hacia ser capaz de manejar tus emociones durante épocas como esas es creer que puedes hacerlo. Si no pudiéramos permanecer estables en todo tipo de situación, entonces la Palabra de Dios diría: "Sean estables, excepto cuando se sientan mal". No dice eso, sino más bien nos enseña que permanezcamos estables durante todas las tormentas de la vida. Me ha ayudado mucho aprender que Dios me dará la capacidad de hacer cualquier cosa que tenga que hacer si confío en Él y paso mucho tiempo con Él.

Salmo 91.1 enseña que si habitamos al abrigo del Altísimo, permaneceremos "bajo la sombra del Omnipotente". Eso significa que si pasamos mucho tiempo en la presencia de Dios, esperando en Él, orando y meditando en su Palabra, entonces recibiremos la fortaleza que necesitamos para lograr cualquier cosa que necesitemos hacer.

El primer error que cometemos con frecuencia es escuchar la mentira que dice "esto es demasiado difícil". Satanás es un mentiroso, y siempre pone pensamientos en nuestra mente que dicen que no somos capaces, no podemos, no lo haremos, y nunca podremos hacerlo. El diablo es un tipo que ve el vaso medio vacío, pero Dios siempre ve el vaso lleno y rebosando. Podemos escoger adoptar la actitud de Dios y ser una persona que dice "creo que puedo", en lugar de ser una persona que dice "creo que no puedo". Si crees que puedes permanecer estable y controlar tus sentimientos incluso durante momentos en que es difícil hacerlo, entonces descubrirás que Dios está obrando a través de tu fe y te capacita para hacer lo que creías.

Conozco a personas que han estado enfermas durante un largo período de tiempo y han tenido la más hermosa de las actitudes. Nunca se quejan, no están malhumoradas, no se comportan como si el mundo les debiera algo, y no culpan a Dios o ni siquiera sienten lástima de sí mismas. Pero también conozco a personas con la misma circunstancia que sólo hablan de sus enfermedades, de las citas médicas y de lo difícil que es para ellas. Se ofenden con facilidad, y están amargadas y resentidas. Toda situación en la vida requiere tomar una decisión con respecto a cómo vamos a responder, y si respondemos de la manera en que Dios lo haría, entonces nuestras pruebas son mucho más fáciles de manejar. Siento mucho respeto y admiración por las personas que son capaces de ser estables incluso cuando tienen un tremendo dolor e incomodidad. Creo que son un maravilloso ejemplo para todos nosotros.

Voy a citar una escritura que probablemente hayas oído cientos de veces, pero esta vez te pido que leas cada palabra y realmente pienses en lo que dicen:

Todo lo puedo en Cristo que me fortalece. (*Filipenses 4.13*)

¡Guau! Este es un versículo muy alentador. No tenemos que tener temor a las cosas que lleguen, no tenemos que aborrecerlas, y no tenemos que permitir que las circunstancias nos derroten antes de siquiera intentar conquistarlas. Dios está de nuestro lado, y su gracia es suficiente para satisfacer cada una de nuestras necesidades.

Quizá no hayas pensado nunca en lo importante que es que manejes tus sentimientos durante períodos de crisis. Imagino que todos pensamos: *No puedo evitar mi modo de actuar en este momento; lo estoy pasando mal, y es lo único que puedo hacer.* Esa es una reacción humana normal, pero con Dios de nuestro lado ayudándonos, no tenemos que comportarnos del modo en que lo haría una persona "normal". Satanás es nuestro enemigo, y su objetivo es hacernos estar tan sacudidos emocionalmente que comencemos a decir muchas cosas que le proporcionarán una puerta abierta a nuestra vida. O espera que tomemos muchas decisiones poco sabias durante épocas dolorosas para crear desastres que tendremos que tratar durante mucho, mucho tiempo después.

El apóstol Pablo, inspirado por el Espíritu Santo, escribió en Filipenses que no deberíamos ni por un momento ser asustados o intimidados por cualquier cosa que nuestros oponentes y adversarios amontonen sobre nosotros. Él dijo que nuestra valentía y constancia serían una señal para nuestros enemigos de su inminente destrucción, y señal y evidencia de nuestra liberación y salvación de Dios (ver Filipenses 1.28). En otras palabras, parece que cuando tenemos pruebas, el mundo espiritual observa. Dios está observando y Satanás está observando, y el modo en que respondamos y lo que digamos y hagamos es *muy* importante. Yo he creído por años que si puedo sujetar mi lengua y permanecer emocionalmente estable durante momentos de dificultad, estoy honrando a Dios haciendo saber al diablo que él no va a controlarme.

No siempre tengo éxito, pero sin duda voy mucho mejor que antes. Como digo con frecuencia: "No estoy donde necesito estar, pero gracias a Dios que no estoy donde solía estar". Sigo creciendo, pero al menos he aprendido la importancia de manejar mis emociones, y espero que también tú estés viendo lo importante que es hacer eso.

No hay ninguna duda de que es más difícil manejar tus emociones cuando estás enfermo, pero espero que estés aprendiendo que eso es una opción.

No niegues los sentimientos, sólo contrólalos

Es importante para mí que entiendas que no estoy diciendo que exista tal cosa como negar tus sentimientos, sino negarles el derecho a controlarte. Todos tenemos montones de sentimientos con respecto a cientos, si no miles, de cosas distintas. Como dije, parece que las emociones tienen mente propia. Si tu salud no es buena, tus emociones posiblemente pueden gritar más alto de lo normal, y eso es de esperar. No es fácil tratar el dolor. El que los profesionales médicos te digan que tienes una enfermedad no es divertido. Lo sé porque yo he tenido mi parte correspondiente de eso, pero he descubierto que es mucho más fácil para mí si no permito que mis sentimientos se desboquen. Cuanto más tengas el control de tus emociones, mejores serán tus decisiones.

Las emociones fuera de control me agotan, y estoy segura de que a ti te afectan de la misma manera. El enojo me cansa; la culpabilidad me cansa; la frustración y los pensamientos desbocados me cansan. Incluso me agoto si hablo todo el día sobre problemas y cosas negativas. El hecho mismo de que esas cosas nos agoten debería ser prueba de que nos roban en lugar de añadir a nuestro bienestar general. La próxima vez que oigas malas noticias de cualquier tipo y sientas que estás comenzando a molestarte o desalentarte, recuerda este libro y los principios que estoy compartiendo, y entonces toma la decisión de permanecer calmado y pedir a Dios que te dé dirección.

Decisión y confesión: *Cuando esté cansado o enfermo, manejaré mis emociones y no permitiré que ellas me controlen.*

CAPÍTULO
18

El estrés y los sentimientos

No podemos evitar todo el estrés, y de hecho, algo de estrés es bueno y necesario. Pero demasiado estrés nos afecta de modo muy negativo. Contribuye inmensamente a tener arrebatos emocionales que no son buenos para nosotros ni para las personas que nos rodean.

La palabra *estrés* era originalmente un término de ingeniería. Se refería a cuánta presión podía soportar un edificio antes de derrumbarse. En estos tiempos hay muchas más personas que edificios que se derrumban a causa del estrés. Reforzamos nuestros edificios para que puedan soportar tormentas, huracanes, terremotos y otras cosas parecidas, ¿pero qué estamos haciendo para asegurarnos de que no nos derrumbaremos en nuestros propios problemas del tamaño de tormentas, huracanes y terremotos?

¿Sientes y piensas: *Estoy estresado hasta el punto del colapso*, y sin embargo no haces nada al respecto? Oro para que después de leer este capítulo tomes algunas decisiones que alivien gran parte de la presión bajo la cual estás. Muchas veces, nuestro estrés y nuestra presión se deben al hecho de que nos hemos comprometido a demasiadas cosas. Si has dicho: "No sé por qué me siento tan frustrado todo el tiempo", sería una buena idea tener una de esas reuniones contigo mismo de las que he hablado y echar un buen vistazo a lo que estás haciendo; y lo más importante, al *porqué* haces lo que haces.

A continuación está la versión abreviada de lo que sucede en tu cuerpo cuando experimentas estrés.

El estado de disgusto o emoción pone en marcha una alarma natural en nuestro cuerpo llamada la respuesta "lucha o huida", diseñada para ayudarnos a defendernos contra acontecimientos hostiles amenazantes. Aún pensar en un acontecimiento desagradable o imaginar peligro puede también poner en marcha la alarma. Por tanto, eso significa que pensar en cosas que nos producen estrés puede causar la misma reacción que si en realidad estuviéramos experimentando el acontecimiento estresante.

El cerebro, la glándula pituitaria, la glándula suprarrenal y la corteza suprarrenal le dicen al cuerpo que produzca cortisol. El cortisol lucha contra la inflamación, y aumenta el azúcar en la sangre y la tensión muscular. También se produce adrenalina, la cual aumenta el pulso cardíaco, eleva la presión sanguínea y los niveles de colesterol, y envía glucosa a los músculos. Todas esas respuestas nos ayudan a manejar el acontecimiento estresante o la emergencia que estemos afrontando. Es maravilloso que Dios haya creado nuestro cuerpo de tal modo que haga todas esas cosas por nosotros. En realidad, ¡nuestro cuerpo quiere ayudarnos!

Pero las mismas reacciones al estrés que están en nuestro cuerpo para ayudarnos nos harán daño si permitimos que el estrés cause que esa respuesta de lucha o huida se repita en exceso. Tan sólo piensa en una cinta de goma. Se estira, pero si es estirada demasiado con mucha frecuencia puede romperse. Yo he hecho nudos en ellas y he seguido usándolas hasta tener una cinta de goma con cuatro nudos, pero al final se desgastó; sencillamente había sido estirada demasiado y demasiadas veces. Dios trajo eso a mi mente como ejemplo del modo en que tratamos nuestro cuerpo cuando se trata del estrés. Nos estiramos hasta que algo se rompe, después ponemos una venda encima medicando el síntoma; y seguimos haciendo lo mismo hasta que otra cosa se rompe y repetimos el proceso. Finalmente nos sentimos como esa cinta de goma con los cuatro nudos en ella para mantenerla de una pieza. Yo he llegado a decir: "He tenido tanto estrés últimamente que me siento como si estuviera llena de nudos". Lo que quería decir era que había estado a marcha forzada durante tanto tiempo que sentía que no podía relajarme. Estaba dolida, tensa, cansada, y con indigestión y ardor de estómago, sólo por mencionar algunos nudos.

¿Qué será necesario para hacernos cambiar?

Es triste que normalmente no cambiemos hasta que una crisis nos obligue a hacerlo. Puede que pienses, como pensaba yo: *No puedo hacer nada con respecto a mi vida porque realmente tengo que hacer todo lo que estoy haciendo.* Puedo decirte por propia experiencia que eso no es cierto en absoluto. Dios nunca nos da más de lo que podemos hacer con paz y gozo. Yo hice mucho de lo que hice porque quería hacerlo. Me había convencido a mí misma de que *tenía que* hacerlo, pero la verdad era que yo *quería* hacerlo.

Quizá seas una de esas personas inusuales que tienen mucho equilibrio en sus vidas, y utilizas mucha sabiduría. Pero si no lo eres, entonces por favor no desperdicies la mayoría de tu vida antes de realizar los cambios que pueden ayudarte a disfrutarla. "El ejecutivo que trabaja de 7:00 de la mañana a 7:00 de la tarde cada día será exitoso y también será bien recordado por el próximo marido de su esposa", escribió el autor John Capozzi. Es una frase en la que vale la pena pensar. El escritor de Eclesiastés dijo: "Aborrecí entonces la vida, pues todo cuanto se hace en ella me resultaba repugnante. Realmente, todo es absurdo; ¡es correr tras el viento! Aborrecí también el haberme afanado tanto en esta vida, pues el fruto de tanto afán tendría que dejárselo a mi sucesor" (Eclesiastés 2.17-18). Creo que cuando Salomón escribió eso estaba teniendo un mal día. Puede que hubiera estado deprimido y desalentado porque estaba agotado de intentar obtener y mantener tantas cosas. Más adelante en el capítulo 2 dijo algo más sabio: "Nada hay mejor para el hombre que comer y beber, y llegar a disfrutar de sus afanes. He visto que también esto proviene de Dios" (v. 24). ¿Cuántas personas conoces que trabajan demasiado, están comprometidas a mucho más de lo que pueden manejar con paz, y nunca parecen disfrutar realmente de nada de eso? ¿Eres tú una de esas personas? Si es así, ¿qué será necesario para hacer que cambies?

El estrés es un estado ignorante. Cree
que todo es una emergencia.
Natalie Goldberg

Cuando las personas mueren, alguien normalmente dice: "Me pregunto cuánto habrá dejado". La respuesta es que lo dejó todo. Todo el mundo lo hace. Tú y yo nunca volveremos a tener este momento, así que deberíamos hacer todo esfuerzo por disfrutarlo.

El manejo del estrés es un negocio multimillonario, y probablemente hayas leído algún libro o artículo (o varios si estás lo bastante desesperado) sobre cómo tener tu vida bajo control. Dudo de que ninguno de nosotros maneje bien su vida a menos que sea guiado por el Espíritu de Dios, y eso significa seguir la sabiduría y la paz. Finalmente he admitido que no soy lo bastante inteligente para dirigir bien mi propia vida sin la ayuda de Dios. Alguien vio un cartel que decía: "Si quieres hacerme reír, cuéntame tus planes". ¡Estaba firmado: "Dios"!

Puede que se nos dé bien hacer planes, pero sin considerar la sabiduría, la paz y la necesidad de equilibrio. También tenemos tendencia a olvidar todas las otras cosas a las que ya nos hemos comprometido hasta que es demasiado tarde y estamos agotados y frustrados.

¿Por qué no puedo relajarme y disfrutar de mi vida?

Las personas que están cansadas y agotadas, tensas e irritadas, normalmente pasan mucho tiempo quejándose al respecto, pero hacen poco o nada para cambiarlo. Quieren entender por qué se sienten cómo se sienten, pero incluso si alguien se lo dijera, probablemente seguirían sin cambiar nada. ¡Nos sentimos atrapados! Realmente pensamos que *tenemos* que hacer todas las cosas que hacemos, pero lo cierto es que no tenemos que hacerlo. Si te pones enfermo y te tienen que hospitalizar durante un mes, la vida seguiría. O bien otra persona haría lo que tú estabas haciendo o, sorprendentemente, pudiera ser que no se hiciera nada, sin que se produjera ninguna reacción adversa.

> *Alguien vio un cartel que decía: "Si quieres hacerme reír, cuéntame tus planes". ¡Estaba firmado: "Dios"!*

No estoy sugiriendo que ignoremos nuestras responsabilidades, pero sí creo que necesitamos aprender que no podemos controlar todo lo que queremos hacer, o todo lo que otra persona quiere que hagamos. La primera clave para disminuir tu nivel de estrés es aprender a decir no. No podemos agradar a la gente y mantener el estrés a un nivel manejable.

Ni siquiera podemos hacer todo lo que hace otra persona. Algunas personas pueden lograr más cosas que otras, pero debemos aprender a vivir dentro de nuestros propios límites.

Todo el mundo tiene límites, pero no son los mismos. Yo tomo decisiones con mucha rapidez, pero conozco a otras personas que necesitan más tiempo para tomar decisiones, y eso está bien. Yo también tengo una cantidad inusual de aguante. Esas capacidades son la gracia de Dios que me capacita para hacer lo que Él me ha dado que haga.

Yo tenía una ayudante que intentaba seguir mi ritmo, y parecía hacerlo todo estupendamente y que le gustaba; pero terminó casi derrumbándose mentalmente, emocionalmente y físicamente. Ella tenía tantas ganas de agradarme que no era sincera conmigo con respecto a sus límites. A veces puedo esperar demasiado de la gente porque yo puedo lograr mucho, pero no es culpa mía si ellos no se comunican conmigo con respecto a lo que sienten que pueden hacer y estar a la vez felices y saludables. Con mucha frecuencia, las personas no se comunican sinceramente con sus jefes porque tienen temor a poder perder sus trabajos; pero aunque ese fuera el caso, sería mucho mejor para ellos perder el trabajo y obtener otro en lugar de estar estresados todo el tiempo.

Uno de nuestros mayores estresantes en la vida puede ser

compararnos a nosotros mismos y competir con otras personas. La buena noticia es que eres libre para ser tú mismo. No necesitas ni siquiera intentar ser alguna otra persona.

El estrés alimenta la ansiedad

Nada nos hace daño emocionalmente del modo en que lo hace el estrés. Podríamos decir que la ansiedad son los sentimientos fuera de control. Cuando alguien experimenta ansiedad la mayor parte del tiempo, se debe a que sus emociones han recibido presión hasta el punto de no poder ya funcionar de manera saludable. Hay muchas situaciones que causan ansiedad. La muerte de un cónyuge o un hijo, el divorcio y la pérdida del trabajo son acontecimientos importantes; sin embargo, no todas las razones son tan serias. Gran parte de ansiedad está causada simplemente por aceptar más de lo que podemos manejar.

No hay respuesta alguna para la angustia emocional a menos que aprendamos a seguir los principios de sabiduría de Dios. Yo solía sentir que iba a volverme loca debido al estrés, pero se debía a que mi calendario era una locura. Y peor aún, yo pensaba que lo estaba haciendo para Dios. Ahora me resulta increíble ver cuando miro atrás lo engañada que estaba. Recuerda siempre que si Satanás no puede hacer que no trabajes para Dios, entonces intentará hacer que trabajes demasiado para Dios; a él realmente no le importa en qué extremo del desequilibrio estemos, porque cualquiera de ellos causa problemas.

Podría escribir un libro entero sobre este tema, pero la respuesta sencilla a vivir una vida de la que puedes disfrutar es aprender los caminos de Dios y seguirlos. Jesús dijo "Yo soy el camino" (Juan 14.6), y eso significa que Él nos mostrará cómo vivir adecuadamente. Las respuestas que necesitamos están en la Biblia, y deberíamos tomar la decisión de que no sólo la leeremos sino que también la obedeceremos. Si nos negamos a tomar esa decisión y seguirla, seguiremos sintiéndonos estresados hasta que nos derrumbemos. Estoy segura de que algunos han decidido mientras leían este libro que hay muchos cambios que necesitan realizar a fin de mantener sus emociones bajo control. No pospongas esos cambios hasta que los hayas olvidado, porque dejar las cosas para más adelante es una de las mejores armas del diablo. Actúa. Ni siquiera tienes que terminar el libro para comenzar; puedes comenzar mientras aún estás leyéndolo. De hecho, te desafío a que tomes una decisión y la pongas en práctica. Hazlo como una semilla de tu compromiso a mantener tus emociones bajo control.

Quizá estabas esperando que te diese tres pasos sencillos para eliminar el exceso de estrés y disfrutar de estabilidad emocional. Siento decepcionarte, pero cualquier cosa que valga la pena bien merece un esfuerzo para obtenerla. Puedo decir con toda honestidad que hubo una época en que yo estaba muy desequilibrada y muy estresada. También permitía que mis sentimientos me controlasen; pero he cambiado, y tú también puedes cambiar. Comienza preguntando a Dios qué puedes eliminar de tu vida que no esté produciendo un buen fruto. Incluso pueden ser algunas cosas buenas que sencillamente no son las mejores para ti. Algo puede ser correcto para nosotros en un período de nuestra vida y no serlo en absoluto en otro período. No tengas miedo a decirles a las personas que tienes que dejar de hacer algo. ¡Sigue a Dios! ¡Sigue la paz! Sigue tu corazón, y lograrás muchas cosas fructíferas y seguirás teniendo energía para disfrutar del fruto de su trabajo.

> *La paz les dejo; mi paz les doy. Yo no se la doy a ustedes como la da el mundo. No se angustien ni se acobarden.*
> Juan 14.27

Al concluir este capítulo, permite que deje contigo estas palabras de Jesús:

La paz les dejo; mi paz les doy. Yo no se la doy a ustedes como la da el mundo. No se angustien ni se acobarden. (*Juan 14.27*)

Es obvio por las palabras de Jesús que Él desea que tengamos una maravillosa paz, pero observa por favor que Él también nos da una responsabilidad. Nosotros debemos controlar las emociones negativas que robarían nuestra paz. No siempre podemos controlar todas nuestras circunstancias, pero podemos controlarnos a nosotros mismos con la ayuda de Dios.

Decisión y confesión: *No haré más de lo que pueda manejar con paz.*

CAPÍTULO
19

Emociones buenas

Tenemos tendencia a enfocarnos en los sentimientos que son problemáticos, pero hay muchas emociones que son buenas, emociones que promueven la salud, el contentamiento, el gozo, la productividad y un sentimiento de bienestar. Sin esas emociones sería un mundo muy, muy sombrío. Sí, muchos sentimientos hay que manejarlos, pero muchos de ellos pueden ser una fuente de disfrute. El primer ejemplo de un sentimiento positivo que me viene a la mente es la felicidad. Creo que lo principal que todo el mundo quiere en la vida es ser feliz. A pesar de lo que busquemos, esperamos que nos aporte felicidad.

Si una persona trabaja duro para alcanzar metas, lo hace porque le hace sentirse feliz. Mi hija Sandra es una mujer muy organizada. En una ocasión me dijo que cuando puede marcar en su lista todas las cosas que se han terminado, eso le hace ser realmente feliz. Frecuentemente cuando hablamos por teléfono y yo le pregunto qué está haciendo, ella dice que está organizando. Yo soy un poco distinta a mi hija. Me encanta que las cosas estén organizadas, pero prefiero no ser yo quien las organiza. Mi asistente es buena para organizar. Puedo darle un montón de cosas y decirle: "Organiza esto en algún lugar para que yo pueda mirar una estantería y ver lo que tengo". Le pago para organizar de modo que yo pueda ser feliz.

Creo que las cosas bien organizadas nos dan un sentimiento de orden y paz, y eso produce un sentimiento de calma y también de felicidad. El caos, por otro lado, nos deja confundidos e infelices. Dios es un Dios de orden, no de confusión. Si lo que te rodea es caótico, me aventuraría a suponer que otras partes de tu vida están también desordenadas. Te sugiero que te organices. Si parece que no puedes hacerlo tú mismo, podrías pagar a alguien que lo haga o encontrar un amigo o familiar a quien le encante la tarea de organizar y pedirles ayuda. Puedes "negociar" con ellos y a cambio ayudarles con algo que a ti se te dé especialmente bien.

¿Qué cosas haces que te hacen feliz? Las personas se van de vacaciones esperando comprar un poco de felicidad. A veces incluso se meten en deudas para comprar una semana de felicidad, y después llegan las facturas y ya no son felices. Algunas de las cosas que compramos son necesidades, pero muchas son sólo cosas que pensamos que nos harán felices. Las personas en todo el mundo esperan en las cajas de las tiendas en este momento para pagar algo que creen o esperan que les haga felices.

Nos casamos esperando ser felices, y después de un tiempo, algunos se divorcian esperando que eso les haga felices. La gente cambia de empleo con frecuencia buscando la felicidad. Incluso hacemos cosas que no nos gusta hacer para poder ser felices con el resultado final. Puede que a una mujer no le guste limpiar la casa, pero mira su casa limpia y se siente feliz, así que semana tras semana la limpia. En realidad, no puedo pensar en nada que hagamos que no tenga la felicidad como factor motivador. Hay muchas cosas que me hacen feliz, pero he descubierto que obedecer a Dios es lo principal que me hace feliz. Cuando estoy fluyendo con Dios, tengo un profundo contentamiento al que ninguna otra cosa se compara. Puede que no siempre me guste lo que Él me pide hacer o no hacer, pero si me resisto y me rebelo, no seré feliz en lo profundo de mi alma; y si obedezco, seré feliz.

Tristemente, muchas personas no obedecen a Dios y después se agotan frenéticamente intentando conseguir o comprar felicidad de alguna otra manera. A pesar de lo que poseamos, no seremos felices si hacer la voluntad de Dios no es una prioridad en nuestras vidas.

¿Por qué hay tantos cristianos infelices?

Creo que algunas personas tienen la percepción de que el cristianismo es grave, severo y sin gozo. Eso se debe a que muchos que se llaman a sí mismos cristianos tienen malas actitudes y caras tristes; son críticos hacia otros y enseguida juzgan. Quienes amamos y servimos a Dios y a su Hijo Jesucristo deberíamos ser las personas más felices de la tierra. Deberíamos ser capaces de disfrutar de todo lo que hacemos, sencillamente porque sabemos que Dios está presente. Fue un gran día para mí cuando finalmente descubrí mediante el estudio de las Santas Escrituras que *Dios quiere que disfrutemos de nuestra vida.* De hecho, Él envió a Jesús para asegurarse de que pudiéramos hacerlo (ver Juan 10.10). ¡Nuestro gozo hace feliz a Dios!

La felicidad es un sentimiento que fomenta el bienestar, y creo que es contagiosa. Una de las mejores maneras de testificar a otros sobre Jesús es ser felices y disfrutar de todo lo que hacemos. Ya que todo el mundo simplemente quiere ser feliz, si ven que ser cristiano produce la felicidad, estarán abiertos a aprender sobre Jesús y recibirle ellos mismos.

Hay muchas emociones que tenemos que resistir, ¡pero la felicidad no es una de ellas! Por tanto, sigue adelante y sé tan feliz como puedas ser.

Me siento emocionado

La emoción, el celo y la pasión son también sentimientos positivos. Nos vigorizan para seguir adelante en lo que perseguimos. La Biblia nos enseña que seamos celosos y entusiastas cuando servimos al Señor (ver Romanos 12.11). En Apocalipsis 3.19 Dios nos enseña que incluso seamos entusiastas y ardamos de celo cuando Él nos castiga o nos corrige. ¿Por qué deberíamos hacer eso? Sencillamente porque espera que confiemos en que todo lo que Él hace es para nuestro bien.

Yo me propongo intentar estar emocionada por cada día que Dios me da. El salmista David dijo lo siguiente: "Éste es el día en que el Señor actuó; regocijémonos y alegrémonos en él" (Salmo 118.24). Los buenos sentimientos provienen de buenas decisiones y buenos pensamientos. Por años yo me levantaba cada día y esperaba a ver cómo me sentía, y entonces permitía que esos sentimientos dictasen el curso de mi vida. Ahora, pongo mi mente en la dirección correcta y tomo decisiones que sé que producirán sentimientos que puedo disfrutar.

> *Por años yo me levantaba cada día y esperaba a ver cómo me sentía, y entonces permitía que esos sentimientos dictasen el curso de mi vida. Ahora, pongo mi mente en la dirección correcta y tomo decisiones que sé que producirán sentimientos que puedo disfrutar.*

Desperdicié suficientes años de mi vida permitiendo que sentimientos negativos e incluso venenosos me controlasen, y me niego a seguir haciéndolo. Cada día decido disfrutar del día, estar emocionada por todo lo que haga y hacerlo con celo y entusiasmo. ¡Cada día tomo la decisión de estar contenta! No podré llevar a cabo mi decisión si no fijo mi mente y la mantengo fija en la dirección correcta. Creo firmemente que los sentimientos siguen a las decisiones.

Vivir los días ordinarios con una actitud extraordinaria

La mayor parte de nuestros días son bastante ordinarios. Todos tenemos momentos en la vida que son increíbles, pero gran parte de la vida es lunes, martes, miércoles, jueves, viernes, sábado, domingo y de regreso al lunes una y otra vez. Hace dos semanas estaba yo delante de 225.000 personas en Zimbabue predicando el evangelio de Jesucristo y enseñando la Palabra de Dios. Era mi cumpleaños, y 225.000 personas me cantaron el cumpleaños feliz, y fue bastante bonito. Ayer fui a una tienda a comprar nuevas alfombras para la cocina y después al supermercado, pero puedo decir sinceramente que disfruté igualmente el tiempo en Zimbabue y en el supermercado. Zimbabue fue un acontecimiento único y muy emocionante, y que nunca olvidaré, pero tener otro día para disfrutar de Dios es también emocionante aunque ese día se emplee haciendo diferentes quehaceres. La presencia de Dios hace que la vida sea emocionante si tenemos un entendimiento adecuado de la vida en conjunto. Todo lo que hacemos es sagrado si lo hacemos como para el Señor y creemos que Él está con nosotros. En este momento pregúntate a ti mismo si crees verdaderamente que Dios está contigo. Si tu respuesta es sí, piensa en lo increíble que es eso, y lo que supongo es que tu emoción aumentará de inmediato.

Creo que el salmista también descubrió el secreto del entusiasmo. Él simplemente definió y declaró: "Éste es el día en que el Señor actuó; regocijémonos y alegrémonos en él". Él tomó una decisión que produjo los sentimientos que él quería en lugar de esperar a ver cómo se sentía.

El valor del optimismo

El optimismo es una actitud que podemos adoptar y que producirá anticipación y alegría. Vivir con una expectativa positiva es algo maravilloso. El optimismo toma un día muy gris y lo pinta de hermosos colores. La anticipación y la expectativa esperan con la actitud de que algo bueno está a punto de suceder en cualquier momento. ¿Qué estás esperando hoy y mañana o, en efecto, que estás esperando de la vida? El salmista también dijo que no sabía lo que habría sido de él si no hubiese creído que vería la voluntad del Señor mientras aún estaba vivo (ver Salmo 27.13).

El sentimiento o emoción de la anticipación es bueno, así que espera que Dios se muestre a sí mismo fuerte por causa de ti. La anticipación es lo contrario a la desesperanza, y personalmente creo que la desesperanza es el peor sentimiento del mundo. Tenemos que tener un motivo para levantarnos cada día. Las personas sin esperanza se deprimen, y todo en su vida parece oscuro y sombrío. Dios quiere que vivamos en Technicolor. Su deseo es ser bueno con nosotros, pero nosotros debemos estar esperando su bondad en fe. Algunas personas podrían pensar que es humilde no esperar nada, pero yo creo que eso no es bíblico. No nos merecemos nada, pero Dios es bueno y misericordioso y quiere darnos cosas buenas. Isaías 30.18

afirma que Dios busca ser misericordioso y mostrar gracia y bondad, y quienes esperan que Él lo haga son ciertamente bendecidos. ¿Qué estás esperando? ¿Eres una persona de las que se levantan de la cama y ven qué sucederá? ¿O te levantas cada día con una perspectiva optimista de anticipación, expectativa y alegría?

Relájate y déjate llevar

El sentimiento de estar relajado es maravilloso. Estar nervioso, tenso y preocupado no es maravilloso; entonces ¿por qué no hay más personas relajadas? Jesús dijo que si estamos cansados y cargados, deberíamos acudir a Él y Él nos dará descanso y relajación (ver Mateo 11.29). Jesús quiere enseñarnos el modo correcto de vivir, que es distinto al modo en que vive la mayor parte del mundo.

Decir que yo fui una mujer tensa durante la primera mitad de mi vida sería expresarlo de modo muy suave. Sencillamente yo no sabía cómo relajarme, y se debía a que no estaba dispuesta a confiar por completo en Dios. Confiaba en Dios *para* las cosas pero no *en* las cosas. Seguía intentando ser yo quien tuviera el control. Aunque Dios estaba en el asiento del conductor de mi vida, yo seguía teniendo una mano en el volante por si acaso Él daba un giro equivocado. ¡La relajación es imposible sin confianza! Dave es el individuo más relajado que he conocido jamás. Puede que en parte se deba al temperamento que Dios le ha dado, pero la mayor parte es su fe en Dios. Dave verdaderamente cree que a pesar de lo que suceda en nuestras vidas, Dios se ocupará de ello, y eso le capacita para relajarse.

Nosotros incluso hemos descubierto que Dios puede enmendar nuestros errores, y lo hará, y hacer que obren para nuestro bien si nosotros seguimos orando y confiando en Él. Para Dios todo es posible. Si sabes que no puedes arreglar el problema que tienes, entonces ¿por qué no relajarte mientras Dios está obrando en ello? Suena fácil, pero yo necesité muchos años para ser capaz de hacer eso. Sé por propia experiencia que la capacidad para relajarse y dejarse llevar en la vida depende de nuestra disposición a confiar en Dios *completamente*.

Si las cosas no salen a tu manera, en lugar de ofenderte puedes creer que salirte con la tuya no era lo que necesitabas. Dios sabía eso, y por eso te dio lo que era mejor para ti en lugar de darte lo que querías. En el momento en que hagas eso, tu alma y tu cuerpo se relajan y serás capaz de disfrutar de la vida.

Si estás esperando mucho más tiempo del que habías pensado en alguna situación, puede llegar a frustrarte, enojarte y ofenderte, o puedes decir: "El tiempo de Dios es perfecto; Él nunca llega tarde. Y mis pasos son ordenados por el Señor". Ahora puedes relajarte y sencillamente seguir la corriente de lo que esté sucediendo en tu vida. Desde luego, hay cosas que tenemos que resistir, como la maldad y la tentación a comportarnos de manera poco piadosa. Pero cuando se trata de cosas que estén fuera de nuestro control, podemos arruinar el día o relajarnos y disfrutar de él mientras Dios obra en la situación. ¡Mientras nosotros creamos, Dios sigue obrando!

Cercanía y alejamiento

Yo creo que somos creados para las relaciones. Dios quiere que podamos conectarnos con otras personas y sentirnos cerca de ellas, lo cual es uno de los mayores gozos de la vida. Tristemente, también puede ser una fuente de dolor, haciendo que sea fácil volverse independiente y alejado. Pensamos que nos estamos protegiendo a nosotros mismos, pero el dolor de la soledad y el aislamiento es mucho peor que el dolor de la relación.

Yo no confiaba en nadie después de quince años de haber sufrido abusos sexuales de mi padre y haber experimentado infidelidad de mi esposo en mi primer matrimonio. Mi lema era: "Si no permites que nadie entre en tu vida, no pueden hacerte daño". Pareció funcionar durante un tiempo, pero después me di cuenta de que estaba sola y me estaba perdiendo muchas cosas en la vida que sólo podían disfrutarse con otras personas. Aunque estaba con personas en mi casa, en el trabajo y en la iglesia, en realidad yo nunca participaba sino que me quedaba alejada. Solamente participaba si yo podía tener el control de la situación, porque entonces me sentía segura. No tengo duda de que muchos saben exactamente de lo que estoy hablando.

La capacidad de relacionarnos con los demás no puede producirse si una de las partes intenta controlar a la otra.

No somos creados por Dios para ser controlados; por tanto, siempre lo resentiremos. Finalmente, las personas se cansan de ser controladas, y comienzan a preferir relaciones en las que tengan la libertad de ser quienes son y tomar algunas de las decisiones que deben tomarse. Si tienes tendencia a querer controlar personas y situaciones a fin de no resultar herido, te aliento encarecidamente a que dejes de hacerlo y aprendas a establecer relaciones a la manera de Dios.

A medida que yo crecí en mi relación con Dios, Él me enseñó que tenía que confiar en las personas y ser vulnerable aunque resultara herida de vez en cuando. Él me prometió que cuando fuese herida, Él me sanaría y me capacitaría para seguir adelante e intentarlo de nuevo. De vez en cuando he sido profundamente herida por personas con las que tenía una relación, pero me negué a que eso me hiciera sentir amargada y desconfiada. El amor deja margen para las debilidades y los errores de otros. Sin duda, las personas no son perfectas, pero al final vale la pena hacer el esfuerzo. Pocas cosas en la tierra se comparan con el gozo y los beneficios de una relación cercana con otro ser humano.

Puedes sentirte cerca de las personas si escoges abrir tu corazón a ellas y si estás dispuesto a pasar por las dificultades que todos nos encontramos en el desarrollo de buenas relaciones. Yo creo que cuando tenemos un problema en una relación pero decidimos solucionarlo, al final el vínculo se hace más estrecho de lo que era antes. Demasiadas personas se rinden ante el primer atisbo de dificultad. Han decidido no ser nunca más heridas, y esa decisión evita que tengan el gozo de la cercana amistad y la intimidad con un cónyuge y con otros familiares.

Quiero subrayar otra vez que no podemos tener cercanía si no estamos dispuestos a pasar por cierto dolor. Las personas sencillamente no son perfectas, y todos cometemos errores. La disposición a perdonar y seguir adelante es lo que fortalece las relaciones.

El sentimiento de estar relacionado y cerca de los demás definitivamente se sitúa bajo el encabezamiento de "emociones buenas". Conocí a un hombre que nunca en su vida se permitía estar cerca de nadie; murió en soledad, y nadie le extraña. Ese es un triste final para una vida. Él lo perdió todo y no puede volver a comenzar. La Biblia dice que tenemos una oportunidad para vivir y después de eso el juicio (ver Hebreos 9.27), por eso creo que deberíamos intentar hacer que cuente la única oportunidad que tenemos.

La belleza de la empatía

Es maravilloso sentir empatía por otros que sufren, están oprimidos o son maltratados de alguna manera. Yo aborrezco totalmente ver sufrir a las personas sin que haya nadie que les ayude. Dios siente compasión por los que sufren y emprende la acción para ayudarles, y nosotros también deberíamos hacerlo. La verdadera compasión comienza con un sentimiento que se vuelve tan intenso que nos impulsa a la acción.

Uno de los ejemplos más dulces de esta conducta tuvo

lugar en los Juegos Paralímpicos de Seattle en 1976. Nueve jóvenes competidores, todos ellos discapacitados mentalmente o físicamente, se reunieron en la línea de salida de los 100 metros lisos. Al sonido del pistoletazo, todos comenzaron a correr hacia la línea de meta; todos excepto un muchacho, que tropezó y se cayó y comenzó a llorar.

Uno a uno, los demás niños se detuvieron y miraron hacia atrás. Después cada uno de ellos se dio media vuelta, caminó hacia el pequeño y todos se reunieron a su alrededor para consolarle. Una muchacha se inclinó y le dio un beso en la rodilla, diciendo: "Con esto mejorará".

Los nueve niños se pusieron de pie, se unieron de brazos y caminaron hacia la línea de meta. Aquel día, un estadio lleno de espectadores sin discapacidad aprendieron lo que realmente nos hace felices.

Creo que Satanás tiene la misión de hacernos insensibles al dolor que atraviesan otras personas. Parece que todo lo que escuchamos en la televisión o leemos en los periódicos se trata de algo terrible que alguien ha hecho a otra persona. Se ha vuelto tan común que podemos ser culpables de no prestar ni siquiera mucha atención a ello. Dave recuerda cuando robaron al primer repartidor de periódicos en St. Louis, donde vivimos. Él decía que la ciudad entera quedó asombrada de que tal cosa pudiera suceder. En la actualidad, a causa de una violencia tan extrema, el que le roben a un repartidor de periódicos ni siquiera sería digno de mencionarse en las noticias.

El peligro de volverse duro de corazón

Yo les daré un corazón íntegro, y pondré en ellos un espíritu renovado. Les arrancaré el corazón de piedra que ahora tienen, y pondré en ellos un corazón de carne. (*Ezequiel 11.19*)

Esta escritura significa mucho para mí porque yo era una persona dura de corazón debido al abuso que había sufrido en los primeros años de mi vida. Este versículo de la Biblia me dio esperanza de poder cambiar. Dios nos da cosas en forma de semilla y nosotros debemos trabajar con el Espíritu Santo para hacer que lleguen a la plena madurez. Es muy similar al fruto del Espíritu, el cual está en nosotros pero necesita ser regado con la Palabra de Dios y ser desarrollado por medio del uso.

Como creyentes en Jesús tenemos corazones tiernos, pero podemos volvernos de corazón duro si no tenemos cuidado en esta área. He descubierto que tomar tiempo para pensar realmente en lo que otras personas están pasando en sus situaciones en particular me ayuda a tener compasión. Jesús era movido por la compasión, y nosotros también deberíamos serlo. Movidos a orar o a ayudar de alguna manera.

La empatía es un sentimiento hermoso y, afortunadamente, ¡es uno al que no tenemos que resistirnos!

Aprendamos a resistirnos a los sentimientos malos que envenenan nuestra vida y aceptemos los que podemos disfrutar y que darán gloria a Dios. Los sentimientos son un regalo de Dios; de hecho, son una gran parte de lo que nos hace ser humanos. Sin ellos la vida sería insulsa, y seríamos como robots. Debido a que los sentimientos son una parte vulnerable de nosotros, Satanás intenta aprovecharse y convertir lo que Dios quiso que fuese bueno en algo malo.

Me gusta intentar imaginar todos los sentimientos agradables que tenían Adán y Eva en el huerto antes de permitir que el pecado entrase en el mundo. Estoy segura de que eran maravillosos; pero cuando cayeron en pecado, sus sentimientos cayeron junto con ellos. Jesús ha redimido cada parte de nosotros, incluyendo nuestros sentimientos. Debió de haber sido maravilloso no experimentar culpabilidad, temor, odio, celos o preocupación, o ni siquiera tener que resistir ninguna de las feas emociones que tratamos en la actualidad. Pero aunque tenemos que resistir esos sentimientos, podemos ser libres de ellos mediante Jesucristo.

El deseo de Dios es que disfrutes de la vida que Él ha proporcionado para ti, y eso es imposible a menos que aprendas a controlar tus emociones en lugar de permitir que ellas te controlen a ti.

Con la ayuda de Dios, ¡puedes hacerlo!

ACERCA DE LA AUTORA

JOYCE MEYER, una de las principales maestras prácticas de la Biblia, ha estado enseñando la Palabra de Dios desde 1976 y ha estado en el ministerio a tiempo completo desde 1980. Escritora número uno de éxitos de ventas del *New York Times*, ha escrito casi noventa libros inspiracionales, incluyendo *Pensamientos Poderosos, 100 Ways to Simplify Your Life*, la serie familiar de libros El Campo de Batalla de la Mente, su primera inclusión en la ficción con *The Penny*, y muchos otros. También ha publicado miles de enseñanzas en audio, al igual que una videoteca completa. Los programas de radio y televisión de Joyce, *Disfrutando la Vida Diaria*, se emiten por todo el mundo, y ella viaja extensamente realizando conferencias. Joyce y su esposo, Dave, son padres de cuatro hijos adultos y tienen su hogar en St. Louis, Missouri.

Para contactarse con la autora escriba a:

Joyce Meyer Ministries
P.O. Box 655
Fenton, Missouri 63026
o llame al: 1-800-727-9673; (636) 349-0303 (fuera de los E.U.)

Dirección de Internet: www.joycemeyer.org

Por favor incluya su testimonio o ayuda recibida de este libro cuando escriba. Sus peticiones de oración son bien recibidas.

Para contactarse con la autora en Canadá, por favor escriba a:

Joyce Meyer Ministries
P.O. Box 7700
Vancouver, BC V6B 4E2
Canada
o llame al: 1-800-868-1002

En Australia, por favor escriba a:

Joyce Meyer Ministries
Locked Bag 77
Mansfield Delivery Centre
Queensland 4122
Australia
o llame al: (07) 3349 1200
desde Nueva Zelanda: 0800 448 536;
desde Singapur: 800 6067 032

En Inglaterra, por favor escriba a:
Joyce Meyer Ministries
P.O. Box 1549
Windsor SL4 1GT

Reino Unido
o llame al: +44 (0) 1753-831102

En Alemania, por favor escriba a:
Joyce Meyer Ministries
Postfach 761001
22060 Hamburg
Germany
o llame al: +49 (0)40 / 88 88 4 11 11

En India, por favor escriba a:
Joyce Meyer Ministries
Nanakramguda
Hyderabad - 500 008
Andhra Pradesh
India
o llame al: 91-40-2300 6777

En Rusia, por favor escriba a:
Joyce Meyer Ministries
P.O. Box 14
Moscow 109316
Rusia
o llame al: (095) 727-14-68

En Sudáfrica, por favor escriba a:
Joyce Meyer Ministries
PO Box 5
Cape Town 8000
Sudáfrica
o llame al: (27) 21-701-1056

OTROS LIBROS DE JOYCE MEYER